Vinícius **Mendonça**

Manual de Gestão Jurídica de Micro e Pequenas Empresas

Dados Internacionais de Catalogação na Publicação (CIP) de acordo com ISBD

M539m   Mendonça, Vinícius
        Manual de Gestão Jurídica de Micro e Pequenas Empresas / Vinícius Mendonça. – Indaiatuba, SP : Editora Foco, 2024.

      136 p. ; 17cm x 24cm.

        Inclui bibliografia e índice.
        ISBN: 978-65-6120-043-1

        1. Direito. 2. Fundamentos. I. Título.

2024-352   CDD 346.07   CDU 347.7

Elaborado por Vagner Rodolfo da Silva - CRB-8/9410

Índices para Catálogo Sistemático:

    1. Direito empresarial 346.07
    2. Direito empresarial 347.7

Vinícius **Mendonça**

Manual de Gestão Jurídica de Micro e Pequenas Empresas

2024 © Editora Foco
Autor: Vinícius Mendonça
Diretor Acadêmico: Leonardo Pereira
Editor: Roberta Densa
Assistente Editorial: Paula Morishita
Revisora Sênior: Georgia Renata Dias
Capa Criação: Leonardo Hermano
Diagramação: Ladislau Lima e Aparecida Lima
Impressão miolo e capa: FORMA CERTA

DIREITOS AUTORAIS: É proibida a reprodução parcial ou total desta publicação, por qualquer forma ou meio, sem a prévia autorização da Editora FOCO, com exceção do teor das questões de concursos públicos que, por serem atos oficiais, não são protegidas como Direitos Autorais, na forma do Artigo 8º, IV, da Lei 9.610/1998. Referida vedação se estende às características gráficas da obra e sua editoração. A punição para a violação dos Direitos Autorais é crime previsto no Artigo 184 do Código Penal e as sanções civis às violações dos Direitos Autorais estão previstas nos Artigos 101 a 110 da Lei 9.610/1998. Os comentários das questões são de responsabilidade dos autores.

NOTAS DA EDITORA:

Atualizações e erratas: A presente obra é vendida como está, atualizada até a data do seu fechamento, informação que consta na página II do livro. Havendo a publicação de legislação de suma relevância, a editora, de forma discricionária, se empenhará em disponibilizar atualização futura.

Erratas: A Editora se compromete a disponibilizar no site www.editorafoco.com.br, na seção Atualizações, eventuais erratas por razões de erros técnicos ou de conteúdo. Solicitamos, outrossim, que o leitor faça a gentileza de colaborar com a perfeição da obra, comunicando eventual erro encontrado por meio de mensagem para contato@editorafoco.com.br. O acesso será disponibilizado durante a vigência da edição da obra.

Impresso no Brasil (3.2024) – Data de Fechamento (2.2024)

2024
Todos os direitos reservados à
Editora Foco Jurídico Ltda.
Rua Antonio Brunetti, 593 – Jd. Morada do Sol
CEP 13348-533 – Indaiatuba – SP
E-mail: contato@editorafoco.com.br
www.editorafoco.com.br

Este livro é dedicado a todos os empreendedores que acreditam na realização dos seus sonhos e que inspiram a construção de um ambiente empresarial inovador, transformador e humano.

"Amarás ao Senhor, teu Deus, com todo o teu coração e com toda a tua alma, com todo o teu espírito e com todas as tuas forças; este é o primeiro mandamento.

O segundo mandamento é: Amarás a teu próximo como a ti mesmo. Não há outro mandamento maior do que estes" (Mc, 12, 30-31).

"É obrigação de todos edificar os demais com uma vida boa, santa e honesta." – Santa Catarina de Sena

AVISO LEGAL

Este Manual de Gestão Jurídica tem como objetivo exclusivo compartilhar informações relativas à prática das atividades desenvolvidas por gestores jurídicos no âmbito empresarial.

Assim sendo, o seu conteúdo não consiste em consulta jurídica para fins do Estatuto da Advocacia de 1994 (Lei Federal n.º 8.906, de 04/07/1994), mas apenas mero conteúdo informativo voltado para fins educacionais.

Caso o leitor pretenda implantar um Departamento Jurídico em sua estrutura organizacional e aplicar as informações contidas neste material, recomenda-se a consulta prévia a um advogado para que ele possa prestar as orientações profissionais necessárias para assegurar a sua conformidade legal.

Desse modo, o autor não se responsabiliza pela aplicação do conteúdo deste material sem a respectiva assistência de um advogado registrado na Ordem dos Advogados do Brasil – OAB nem pelas informações que porventura venham a sofrer alteração legislativa ou jurisprudencial posterior.

Especialmente, em relação aos mecanismos de aplicação e de contagem dos prazos processuais sujeitos à constante modificação legislativa e à interpretação realizada pela jurisprudência dos tribunais brasileiros.

A especialidade das informações contidas neste Manual reforça a importância estratégica dos serviços jurídicos para o bom desenvolvimento das atividades de gestão no âmbito empresarial.

PREFÁCIO

Este Manual surgiu da experiência prática do seu autor na qualidade de colaborador responsável pela gestão de serviços jurídicos no ambiente corporativo e no ramo de advocacia no âmbito empresarial.

Neste livro, o leitor encontrará as principais informações a respeito do fluxo de trabalho em um departamento jurídico e as características fundamentais que devem pautar a conduta do colaborador da área.

Trata-se de um material preliminar dirigido principalmente às pessoas sem formação na área jurídica ou que estejam iniciando a carreira na função de estagiários ou de advogados recém-formados, sem experiência prática.

O seu maior objetivo é o de possibilitar a melhoria da qualidade na gestão do controle dos processos judiciais em micro e pequenas empresas por meio do compartilhamento de informações que raramente são encontradas em livros teóricos.

Este Manual contribuirá para que o colaborador responsável pela gestão corporativa dos serviços jurídicos de micro e pequenas empresas possa desenvolver suas atividades com maior eficiência e segurança.

Por se tratar de um material introdutório, o seu usuário poderá aprimorar as rotinas recomendadas, adicionar novas práticas e adaptar o seu conteúdo com base na realidade do seu dia a dia profissional.

Alerta-se, mais uma vez, que a aplicação das informações contidas nesse material não dispensa a necessidade de consultoria jurídica prévia de um advogado ou de um escritório de advocacia em razão da especialidade das atividades técnicas desenvolvidas na área jurídica.

LISTA DE ABREVIATURAS E SIGLAS

CF	Constituição Federal
CLT	Consolidação das Leis do Trabalho
CNJ	Conselho Nacional de Justiça
CPC	Código de Processo Civil
DJe	Diário da Justiça Eletrônico
FONAJE	Fórum Nacional dos Juizados Especiais Cíveis e Criminais
FONAJEF	Fórum Nacional dos Juizados Especiais Federais
LC n.º 123/2006	Lei das Micro e Pequenas Empresas
LJE	Lei dos Juizados Especiais Cíveis e Criminais
OAB	Ordem dos Advogados do Brasil
PROCON	Órgão de Proteção e Defesa do Consumidor
SEBRAE	Serviço Brasileiro de Apoio às Micro e Pequenas Empresas
STJ	Superior Tribunal de Justiça
STF	Supremo Tribunal Federal
TJ	Tribunal de Justiça
TST	Tribunal Superior do Trabalho
TRF	Tribunal Regional Federal
TRT	Tribunal Regional do Trabalho

SUMÁRIO

AVISO LEGAL IX

PREFÁCIO XI

LISTA DE ABREVIATURAS E SIGLAS XIII

INTRODUÇÃO 1

1. A ESTRUTURA ORGANIZACIONAL DO DEPARTAMENTO JURÍDICO 5

2. UMA PERSPECTIVA HUMANA E PROFISSIONAL DO TRABALHO 7

    2.1 O papel do responsável pelo Departamento Jurídico e as competências empresariais 7

    2.2 As características que devem pautar o perfil de conduta do colaborador .. 12

    2.3 A inteligência emocional no ambiente de trabalho 14

    2.4 Uma oportunidade única de conhecer o negócio 16

    2.5 O cadastramento dos documentos recebidos 17

    2.6 A melhor forma de encaminhamento das informações 20

        2.6.1 O tratamento dos documentos físicos e digitais 20

        2.6.2 O ofício para o envio dos documentos jurídicos 21

    2.7 Como enfrentar as situações difíceis 24

3. A ROTINA DIÁRIA 27

    3.1 Não deixe para fazer amanhã o que pode ser feito hoje 27

    3.2 O acompanhamento dos processos e dos serviços jurídicos terceirizados. 28

    3.3 A agenda de audiências e a designação dos representantes 32

        3.3.1 Como montar a agenda de audiências 32

		3.3.2	Como constituir os representantes	34
		3.3.3	A relevância dos documentos de representação	37
	3.4	As audiências		39
		3.4.1	Justiça Estadual e Federal	40
		3.4.2	Justiça do Trabalho	43
		3.4.3	Comparecimento e finalidade	43
	3.5	O reembolso das despesas dos escritórios advocatícios		46
	3.6	As instruções normativas		47

4. UM POUCO DE DIREITO NÃO FAZ MAL A NINGUÉM 49

	4.1	Os protagonistas do processo judicial		49
	4.2	Os comunicados jurídicos		51
		4.2.1	Notificações	53
		4.2.2	Citação judicial	53
		4.2.3	Intimação judicial	58
	4.3	A contagem dos prazos processuais		59
	4.4	Não há prazo que retorne		64
	4.5	Espécies de processos		66
	4.6	A verdade nada mais do que a verdade		66
	4.7	O que é uma comarca?		70

5. A GESTÃO DOS CONFLITOS JURÍDICOS 73

6. O *COMPLIANCE* E A AUDITORIA 77

7. OS SISTEMAS ELETRÔNICOS DE CONTROLE PROCESSUAL 79

8. A SEGURANÇA DIGITAL 81

	8.1	Certificado de identidade digital	82
	8.2	Acesso a sítios e documentos eletrônicos confiáveis	83
	8.3	Programa antivírus	85

CONSIDERAÇÕES FINAIS	87
GLOSSÁRIO	89
REFERÊNCIAS	91
Livros e artigos	91
Legislação	93
Jurisprudência	94
ANEXOS	97
ANEXO A – FICHA PROCESSUAL	97
ANEXO B – OFÍCIO DE ENCAMINHAMENTO DE DOCUMENTOS	98
ANEXO C – CONTRATO DE SERVIÇOS ADVOCATÍCIOS	99
ANEXO D – PLANILHA DE CONTROLE DE PRAZOS	104
ANEXO E – LISTA DE PRAZOS CÍVEIS E TRABALHISTAS	105
ANEXO F – AGENDA DE AUDIÊNCIAS	111
ANEXO G – CARTA DE PREPOSIÇÃO	112
ANEXO H – PROCURAÇÃO PARA O FORO (*AD JUDITIA ET EXTRA*)	113
ANEXO I – LISTA DE *SITES* E TELEFONES DO PODER JUDICIÁRIO	114

INTRODUÇÃO

As **micro e pequenas empresas** possuem uma importância destacada para o desenvolvimento da economia nacional.

No Brasil, as micro e pequenas empresas são responsáveis pela geração de parte significativa das riquezas produzidas, com uma participação relevante no Produto Interno Bruto (PIB) e na criação de empregos formais (SEBRAE, 2023).

Além disso, elas são responsáveis pela criação de grande parte dos empreendimentos em funcionamento no País, sob a forma de **microempreendedores individuais, microempresas** e **empresas de pequeno porte**.

Esses agentes econômicos desenvolvem suas atividades nos mais diversos setores produtivos, como **indústria** e **serviços**, contando no **setor de comércio** com uma participação equivalente à metade do total dos negócios gerados (SEBRAE, 2022; CFA, 2023).

Neste universo, também se destacam as *Startup's*, concebidas com base em um modelo de negócios disruptivo e responsáveis pela criação das maiores empresas na área de tecnologia digital da atualidade (ex: Microsoft, Apple, Google, Amazon, Facebook etc.).

A importância desempenhada na economia pelos pequenos empreendedores em atividades tradicionais, inovadoras ou disruptivas, como as exercidas pelas *Startups*, tem revelado a necessidade do desenvolvimento de soluções eficientes para o sucesso dos seus negócios em várias áreas organizacionais estratégicas como a *administrativa, contábil, publicitária, sistemas de informação*, dentre outras.

Dentre as áreas organizacionais mais relevantes do ponto de vista estratégico para a gestão eficiente de uma empresa destaca-se a atividade desenvolvida pelo **Departamento Jurídico** com vistas a prevenir a ocorrência de litígios e a garantir o melhor tratamento técnico para os conflitos eventualmente surgidos no exercício da atividade empresarial.

Além de todos os avanços alcançados na parte administrativa, graças aos investimentos realizados por empreendedores em cursos e planejamentos estratégicos, percebe-se que há ainda muito a se fazer na parte da **Gestão Jurídica** voltada para o tratamento adequado das questões relacionadas às atividades empresariais.

Entende-se que a grande causa desse problema pode estar relacionada ao desconhecimento dos benefícios gerados por uma gestão jurídica profissional e pela inexistência de instrumentos específicos que possam difundir as informações fundamentais para a criação de uma cultura de conformidade legal voltada para a estruturação dos pequenos negócios.

Além disso, grande parte dos pequenos empreendimentos é gerida pelos próprios empreendedores, com o auxílio de uma equipe reduzida de colaboradores, em razão da criação de estruturas administrativas com foco na redução de custos para o desenvolvimento das suas atividades operacionais.

Por outro lado, os custos da contratação de profissionais qualificados com o domínio do conhecimento jurídico também podem representar uma barreira para uma maior disseminação de uma cultura de conscientização da importância da realização de uma gestão profissional na área legal visando conferir uma maior segurança jurídica para os negócios.

Dentro desse contexto, constata-se a relevância de se promover uma conscientização dos micro e pequenos empreendedores para o conhecimento a respeito da estruturação dos **procedimentos de controle e de recebimento de documentos jurídicos** a fim de aumentar a eficiência no tratamento adequado dos procedimentos administrativos e judiciais.

Por isso, o presente Manual, acompanhando uma tendência proativa de aprimoramento dos procedimentos administrativos, trata dos problemas e oferece soluções de gestão para as principais ocorrências vistas pelo colaborador responsável por exercer as atividades de **gestão jurídica** no âmbito de micro e pequenas empresas.

Longe de ser um guia para todos os problemas, uma vez que não tem a pretensão de esgotar toda a matéria, os procedimentos descritos neste material englobarão aspectos colhidos de experiências pessoais, de gestão e de cultura interna de empresas, propiciando o conhecimento de princípios de conduta que o seu leitor deverá possuir no desenvolvimento das atividades nele descritas.

Além disso, este Manual apresentará noções preliminares a respeito da organização judiciária, do processo civil e trabalhista, necessárias para a compreensão do funcionamento das atividades de gestão de prazos legais.

O conteúdo deste Manual proporcionará uma visão consciente da prática experimentada no dia a dia do colaborador responsável pela área, possibilitando que as atividades sejam desenvolvidas de forma segura e eficiente.

Por isso, espera-se que este Manual possa estimular a iniciativa para o aprimoramento do fluxo de trabalho do Departamento Jurídico de empresas de menor porte, constituídas sob a forma tradicional ou sob a forma de *Startup's*, sempre carentes de uma organização profissional adequada para a sua realidade operacional.

Em razão do seu conteúdo universal, este Manual também poderá ser aplicado para a estruturação de **Departamentos Jurídicos** de **sociedades simples**, como **cooperativas, associações civis, organizações não governamentais (ONG's), sociedades profissionais** e **sociedades sem fins lucrativos de pequeno porte**, com as adaptações necessárias em face das suas respectivas realidades institucionais.

1
A ESTRUTURA ORGANIZACIONAL DO DEPARTAMENTO JURÍDICO

> "O advogado é indispensável à administração da justiça"
> – Artigo 133 da Constituição Federal.

O Departamento Jurídico de uma empresa representa uma de suas principais áreas organizacionais, pois constitui elemento imprescindível tanto para a sua estruturação societária quanto para a resposta a demandas de natureza administrativa e judicial, com influência direta no planejamento estratégico a ser adotado.

As **empresas de grande porte** costumam manter uma *estrutura empresarial bastante especializada*, segmentando administrativamente suas mais importantes atividades por meio de departamentos compostos de profissionais com formações específicas para suas respectivas áreas de atuação.

Nessa linha, estruturam um Departamento Jurídico próprio, cuja gestão é desempenhada por um diretor jurídico, um ou mais gerentes e coordenadores de núcleos ou áreas afins, estes, responsáveis pela gestão de uma equipe especializada, normalmente, composta por advogados e técnicos, submetidos a normas que visam aprimorar os processos internos.

As **empresas de médio porte** costumam manter uma *estrutura empresarial considerável* no que toca ao número de colaboradores e de filiais a elas vinculadas, instaladas, inclusive, fora do estado da sua matriz.

Estas empresas, normalmente, mais enxutas do que as grandes sociedades, possuem um Departamento Jurídico interno ou externo, sob a gestão de um advogado ou corpo de advogados, responsável pela organização das atividades legais, pelo acompanhamento de processos, pela realização de diligências e pela representação da empresa no âmbito administrativo e judicial.

As **micro e pequenas empresas** costumam manter uma *estrutura empresarial reduzida* no que toca ao número de colaboradores e raramente possuem filiais a elas vinculadas fora do estado da sua matriz, e, por isso, considerando a apresentação administrativa adotada, geralmente, não possuem departamentos jurídicos próprios.

Contudo, embora essas empresas não necessitem de tamanha estratificação de suas atividades internas, percebemos que a consolidação de um procedimento de gestão voltado para o *recebimento, classificação e arquivamento de documentos* e para a *tomada de providências a serem observadas nas defesas dos seus interesses no âmbito administrativo e judicial*, revela-se extremamente útil para evitar prejuízos econômicos pela falta de controle de informações relacionadas à solução de litígios.

Em síntese, a contratação de um colaborador voltado para a realização de atividades jurídicas trata-se de uma opção no sentido de melhorar o fluxo de tratamento de assuntos de natureza legal, visando proporcionar um maior controle sobre os processos administrativos e judiciais existentes, e oferecer um atendimento especializado aos clientes internos e externos.

Importante esclarecer que o Estatuto da OAB prevê que o **exercício da advocacia** e a **denominação de advogado são privativos dos inscritos na Ordem dos Advogados do Brasil – OAB**.

Dentre as **atividades privativas da advocacia** cita-se: a) a *postulação a órgão do Poder Judiciário e aos Juizados Especiais*; e, b) as *atividades de consultoria, assessoria e direção jurídicas*. Os atos privativos de advogado praticados por pessoa não inscrita na OAB são considerados nulos.

Ademais, importante registrar que todos os atos e contratos constitutivos de pessoas jurídicas deverão ser visados por advogados, antes de serem protocolados no respectivo registro público.

Para confirmar se uma pessoa está autorizada a advogar pela OAB, consulte o *site*: cna.oab.org.br e preencha os dados solicitados para pesquisa (ex.: *nome completo, número de inscrição na OAB* e *unidade da federação* na qual ela está inscrita).

2
UMA PERSPECTIVA HUMANA E PROFISSIONAL DO TRABALHO

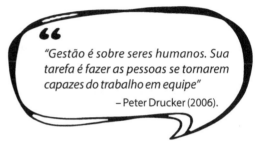

"Gestão é sobre seres humanos. Sua tarefa é fazer as pessoas se tornarem capazes do trabalho em equipe"
– Peter Drucker (2006).

Neste capítulo apresentaremos os requisitos relativos ao perfil comportamental do colaborador responsável pela execução das atividades de gestão do Departamento Jurídico.

Além disso, explicaremos porque a função de gestor jurídico pode ser uma oportunidade valiosa para o desenvolvimento de um colaborador com uma visão ampla das funções desenvolvidas pelas diversas áreas técnicas da empresa.

2.1 O PAPEL DO RESPONSÁVEL PELO DEPARTAMENTO JURÍDICO E AS COMPETÊNCIAS EMPRESARIAIS

"Seja um ponto de referência de qualidade. Algumas pessoas não estão habituadas a um ambiente onde a excelência é esperada"
– Steve Jobs (Revista Época, 2022).

As funções jurídicas encontram-se inseridas dentro de um contexto organizacional influenciado por um ambiente profissional no qual diversas atividades técnicas são desenvolvidas de modo interligado.

Em razão disso, o colaborador designado para o acompanhamento dos trabalhos do Departamento Jurídico deverá estar atento a algumas competências imprescindíveis para que os serviços sejam prestados com excelência no ambiente empresarial.

Dentre elas, podem ser citadas: a *responsabilidade*, a *confidencialidade*, a *proatividade*, a *agilidade*, a *objetividade*, a *honestidade*, a *transparência*, a *perseverança*, a *multidisciplinariedade*, a *flexibilidade*, o *planejamento*, o *comprometimento* e a *pontualidade*.

As características acima mencionadas devem ser encontradas em todas as funções empresariais, mas, certamente, possuem um papel especial nas atividades que envolvam a prestação de serviços jurídicos.

A **responsabilidade** representa uma das características mais relevantes da conduta esperada do profissional vinculado a assuntos jurídicos, pois o recebimento de um grande volume de informações e de documentos relacionados à área é frequente, exigindo do seu encarregado diligência e controle diário sobre todo o trabalho realizado.

A responsabilidade está diretamente relacionada à capacidade de organização do colaborador em relação aos documentos recebidos e do seu adequado encaminhamento para fins da adoção das providências jurídicas cabíveis visando preservar os interesses da empresa.

Além do que, as causas envolvem valores financeiros consideráveis e informações de cunho sigiloso, exigindo diligência e discrição do responsável pelo departamento.

A **confidencialidade** consiste na característica dos profissionais da área jurídica para o exercício da defesa dos interesses dos seus clientes em razão da relação de confiança e da manipulação de dados privados sensíveis.

Trata-se de requisito inerente ao exercício da profissão de advogado, por força da legislação aplicável, conforme previsto no Estatuto da Advocacia (Art. 34, inciso VII).

No âmbito empresarial, certas informações técnicas adquirem grande relevância do ponto de vista da proteção dos segredos do negócio e das estratégias relacionadas ao desenvolvimento da atividade em face das empresas concorrentes no seu mercado de atuação.

Por isso, o gestor jurídico deve, como regra, ser discreto e sempre manter sigilo a respeito dos assuntos relacionados ao exercício das suas atividades profissionais, salvo nas hipóteses excepcionalmente permitidas pela legislação em vigor.

Além disso, destaca-se a importância vinculativa desempenhada pelos **Termos de Responsabilidade, de Compromisso ou de Confidencialidade** assinados pelos colaboradores para fins do exercício das suas funções com cláusulas que estabelecem o dever de manutenção de sigilo das informações de interesse da empresa.

A **proatividade** é a postura que possibilita a tomada de uma medida antes mesmo do surgimento de uma necessidade concreta hábil a provocá-la, seja no sentido de propor a criação de novos métodos ou de aprimorar os métodos de solução já existentes.

Desse modo, a atitude proativa esperada do profissional do Departamento Jurídico deverá ser realizada tanto no *plano preventivo*, no sentido de antecipar o diagnóstico e a solução para um futuro problema que poderá ocorrer se não for adotada nenhuma medida para evitá-lo; ou, no *plano contingencial*, a fim de minimizar as consequências prejudiciais dele decorrentes logo que constatado o problema.

A **agilidade** também consiste em uma característica essencial, pois o cliente (interno ou externo) sempre possui a expectativa de ter o seu problema resolvido prontamente.

Principalmente, em relação às respostas necessárias para a tomada de decisões importantes como as relacionadas à solução de litígios que possam ser solucionados de forma preventiva ou que já estejam no âmbito judicial.

Por isso, explique antecipadamente a complexidade inerente às atividades de natureza jurídica que estejam diretamente envolvidas na questão a ser solucionada, a título de esclarecimento ao cliente.

A **objetividade** é o requisito que norteará as atividades desenvolvidas pelo profissional do setor jurídico a fim de que elas sejam realizadas de modo conciso e direto, sem perda de tempo com aspectos que não estejam diretamente relacionados com a solução buscada pelo cliente.

O profissional responsável pelo Departamento Jurídico deverá estruturar as suas atividades de forma que elas sejam sempre diretas e claras com o intuito de facilitar a sua compreensão por todos os colaboradores.

O resultado do trabalho deverá ser sempre apresentado de forma verbal e de forma escrita, de modo compreensível, a fim de responder objetivamente a todas as consultas apresentadas pelos demais setores da empresa.

Evite a utilização de termos técnico-jurídicos ou de significados difíceis apenas compreendidos pelos profissionais da área e os substitua por termos que façam parte do vocabulário comum, do dia a dia, com o intuito de possibilitar o fácil acesso ao conteúdo das informações solicitadas.

A **honestidade** consiste na qualidade comportamental imprescindível que norteará todas as condutas a serem desenvolvidas pelo colaborador no seu relacionamento interno e externo envolvendo os interesses da empresa.

As atividades do Departamento Jurídico exigem que o colaborador se porte de maneira honesta em todas as suas atividades de gestão informando habitualmente os diretores, administradores e acionistas a respeito do verdadeiro estágio dos assuntos legais sob a sua responsabilidade.

A honestidade é uma característica diretamente relacionada à **transparência** necessária à apresentação da situação atual e completa dos processos geridos pelo Departamento Jurídico à administração e aos sócios da empresa.

A **perseverança** é a postura das pessoas que continuam a se dedicar à realização dos seus objetivos mesmo diante da existência de dificuldades. As pessoas perseverantes nunca desistem de alcançar uma determinada meta, ainda que venham a enfrentar obstáculos no meio da realização de um projeto ou de uma atividade.

No âmbito empresarial essa é uma característica bastante valorizada porque os desafios muitas vezes surgem de maneira disruptiva e inesperada. Este contexto exige uma capacidade extra de confiança do profissional no potencial do seu trabalho e de que o processo de execução de projetos o possibilitará alcançar o objetivo definido.

A **multidisciplinariedade** é a qualidade das pessoas capazes de desenvolver mais de uma tarefa simultaneamente visando contribuir para a realização das funções existentes no ambiente empresarial.

O responsável pelo Departamento Jurídico em micro e pequenas empresas muitas vezes se vê desafiado a realizar diversas tarefas que vão além da mera atividade de gestão de processos jurídicos, exigindo-se o domínio de conhecimentos vinculados à administração, às finanças, à negociação, dentre outros.

É importante que antes de realizar uma tarefa diferente da sua área de atuação, o profissional receba um treinamento ou orientação prévia a respeito das atividades que deverão ser desempenhadas a fim de garantir que elas serão realizadas com a qualidade necessária para a sua boa execução.

A **flexibilidade** está relacionada à capacidade de rápida adaptação do colaborador às mudanças ocorridas na sua atividade profissional e no seu ambiente de trabalho.

Pessoas flexíveis se movem de maneira mais rápida no ambiente empresarial. Elas são mais valorizadas porque estão sempre abertas a explorar novas oportunidades e a assumir novas responsabilidades.

Diante de um ambiente corporativo influenciado por rápidas transformações, uma pessoa dotada de flexibilidade será capaz de enfrentar os desafios de uma maneira positiva e natural.

O **planejamento** é a atribuição necessária para a realização das atividades do Departamento Jurídico com base num fluxo de trabalho diário, semanal, mensal e anual.

Dentro das janelas temporais fixadas, deverão ser definidas quais serão as prioridades a serem realizadas quanto ao fluxo de trabalho do setor jurídico. Além disso, deverão ser definidos os meios necessários para alcançá-las.

Atendidos estes requisitos, as atividades deverão ser executadas com foco no resultado e na qualidade dos serviços prestados.

O **comprometimento** é atualmente uma das mais importantes características exigidas de um colaborador inserido no contexto de um ambiente empresarial.

A expressão "vestir a camisa" significa que você deve primeiro se importar em fazer bem o primordial, só assim, destinar atenção a outros afazeres. Comprometer-se, então, é a dedicação a fazer bem algo, observando todos os procedimentos e, se possível, superar as expectativas dos seus clientes.

A **pontualidade** é a conduta relacionada ao cumprimento de prazos e de horários das atividades da empresa. Trata-se de uma qualidade diretamente relacionada à capacidade de organização e de planejamento.

No desenvolvimento das funções jurídicas, a pontualidade adquire grande relevância porque, normalmente, elas estão vinculadas ao cumprimento de prazos administrativos ou judiciais, os quais se não cumpridos, poderão gerar um grande prejuízo aos interesses da empresa.

No âmbito interno, ela ainda se vincula às consultas realizadas pelos demais colaboradores e à execução das atividades que dependem de providências jurídicas para serem concretizadas.

Nunca se esqueça de responder a alguma consulta, pois a indiferença cria insatisfação e se torna um marketing pessoal negativo para o colaborador e para a empresa.

Desse modo, ainda que você não tenha uma resposta imediata para a solicitação apresentada, informe ao seu cliente que você buscará a informação desejada fixando um prazo para comunicá-lo.

O prazo deverá ser fielmente cumprido, conforme o fixado. Por isso, ao estipulá-lo leve em consideração qual deverá ser o tempo suficiente para a realização da pesquisa e a elaboração da resposta.

Respostas atrasadas também geram insatisfação e a impressão de que você não está sabendo administrar o seu tempo ou que não se comprometeu a responder à consulta formulada pelo cliente.

Por isso, caso surja algum contratempo, comunique antecipadamente o cliente e solicite informação a respeito da possibilidade de novo agendamento do prazo inicialmente fixado com o intuito de demonstrar o seu comprometimento em atender à consulta formulada.

2.2 AS CARACTERÍSTICAS QUE DEVEM PAUTAR O PERFIL DE CONDUTA DO COLABORADOR

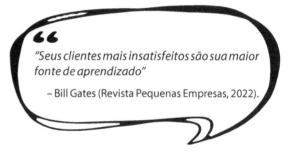

"Seus clientes mais insatisfeitos são sua maior fonte de aprendizado"

– Bill Gates (Revista Pequenas Empresas, 2022).

Além das competências descritas acima, o perfil de conduta do responsável pelo Departamento Jurídico também deve cumprir o atendimento de algumas exigências comportamentais, são elas: a *disponibilidade*, o *equilíbrio*, a *ética* e o *senso de equipe*, abaixo, mais bem delineadas.

A **disponibilidade** é a arte de se predispor a todos os clientes (internos e externos), com a intenção de auxiliar aqueles que necessitam dos serviços relacionados à sua atividade profissional.

Estar apto a receber um cliente pessoalmente, por meio de um atendimento escrito, telefônico ou por meio de uma videoconferência, oferecendo esclarecimentos que possam satisfazê-lo adequadamente, pode configurar uma atividade cotidiana desta função.

A disponibilidade para atender a todas as consultas e os pedidos de esclarecimentos deve ser integral, pois as questões jurídicas surgem a todo o momento e dos assuntos mais diversos relacionados ao desenvolvimento das atividades da empresa. Por isso, esteja sempre preparado a fornecer os seus serviços quando solicitado.

O **equilíbrio** deve ser o seu norte no atendimento e no acompanhamento dos trabalhos. Nunca perca a razão, por mais equivocado ou mal esclarecido possa estar o seu interlocutor. Não leve a questão para o lado pessoal. Haja com profissionalismo e empatia na tentativa de buscar uma solução ética para a questão apresentada.

Não tente confrontar ou responder a qualquer provocação de uma pessoa em estado de descontrole emocional. Com respeito e paciência, apenas tente acalmá-la e informá-la que adotará todas as medidas necessárias para esclarecer os fatos controversos e buscar uma solução para o pedido formulado.

Evite, também, realizar um procedimento que se refira a um assunto que você possua pouco conhecimento sem consultar uma pessoa mais experiente.

O seu papel pode ser primordial para a realização das boas-vindas da empresa a um cliente externo ou terceiro sem maiores expectativas. Por isso, aproveite a oportunidade para, de forma responsável, sobressair aos demais. Lembre-se: "a primeira impressão é a que fica".

A **ética** pautará seus atos no sentido de realizar o mais justo e adequado para a situação. O respeito às normas éticas influenciará diretamente a forma como os resultados serão obtidos. A vantagem indevida dentro da sua função poderá acarretar implicações sérias no futuro e prejudicar o seu trabalho.

Paute sua conduta pelos princípios da empresa e da boa ética. Sempre esteja respaldado quanto à sua integridade e se certifique que ela não possa ser abalada pelos afazeres do dia a dia.

A admiração, a credibilidade e a confiança dos seus colegas de trabalho serão cultivadas a partir destes elementos.

O **senso de equipe** é a consciência de que o seu trabalho depende da participação de outras pessoas. Trabalhar em equipe é estar sempre aberto a ouvir opiniões diferentes e que somadas possam contribuir para a construção de uma solução mais completa para os problemas cotidianos enfrentados no âmbito empresarial.

Por isso, esteja sempre aberto a solicitar ajuda e a estendê-la aos seus colegas. O trabalho em equipe é o propulsor fundamental para a realização dos maiores desafios no mundo corporativo. Trata-se de uma valiosa oportunidade para o aprimoramento profissional.

2.3 A INTELIGÊNCIA EMOCIONAL NO AMBIENTE DE TRABALHO

"Nós estamos sendo avaliados por um novo critério: não apenas pela nossa inteligência, formação ou especialidade, mas também como lidamos com nós mesmos e com os outros"

– Daniel Goleman (2011).

Nos tópicos anteriores, abordamos quais são as principais competências que devem ser apresentadas pelo colaborador responsável pela gestão jurídica das micro e pequenas empresas.

Essas competências são também denominadas de **habilidades comportamentais** (*soft skills*) e estão relacionadas às características pessoais avaliadas por critérios subjetivos (Kiser, 2017).

Algumas das competências apresentadas também se referem às **habilidades técnicas** (*hard skills*) que todos os profissionais devem possuir para exercer a sua profissão com um melhor desempenho e estão relacionadas a critérios objetivos e quantificáveis.

Um profissional diferenciado é capaz de dominar, simultaneamente, as **habilidades comportamentais** e as **habilidades técnicas**, e de aplicá-las no seu ambiente de trabalho com vistas a realizar as suas atividades.

Além dessas competências, o gestor jurídico também deverá ter a **inteligência emocional** (IE), compreendida como a capacidade de lidar com as suas próprias emoções e de influenciar as emoções das outras pessoas com o objetivo de desenvolver relacionamentos saudáveis e produtivos (Harvard Medical, 2023).

Relacionamentos emocionalmente inteligentes são capazes de gerar bem-estar para as pessoas, aumentando, consequentemente, a felicidade e a produtividade no ambiente de trabalho (Mckee, 2017).

A inteligência emocional é formada por quatro elementos fundamentais: a *autoconsciência*, a *autogestão*, a *consciência social* e as *habilidades de relacionamento* (Harvard Professional, 2023).

A **autoconsciência** (*self-awareness*) é o elemento que permite às pessoas compreenderem as suas próprias emoções e o impacto que elas podem gerar nas outras pessoas.

Trata-se do **autoconhecimento pessoal** e consiste no principal fundamento que sustenta a inteligência emocional. É a partir dele que todos os demais elementos adquirem sentido.

A autoconsciência permite às pessoas identificarem como os seus sentimentos influenciam os seus comportamentos.

Ao conhecer a razão de certos comportamentos, você poderá se condicionar a evitar as condutas negativas e se concentrar a reforçar a prática de condutas positivas, aprimorando o seu desempenho e os relacionamentos pessoais.

A prática de condutas positivas e o afastamento de condutas mentais contraproducentes tende a aumentar a capacidade criativa e a qualidade de desempenho na realização das suas funções.

A **autogestão** (*self-management*) é a habilidade de administrar as suas emoções e os seus comportamentos.

Trata-se do **autocontrole emocional**, característica tão apreciada pelas empresas para o exercício das funções sob grande pressão. Principalmente, na área jurídica, caracterizada pela gestão de conflitos envolvendo interesses jurídicos e econômicos relevantes.

As pessoas que desenvolvem a autogestão têm a capacidade de evitar as emoções negativas e de escolher, dentre as opções existentes, a melhor conduta para as situações difíceis (Goleman, 2006).

Aquelas que costumam ser impulsivas e a reagir nervosamente, irradiam sentimentos negativos no ambiente no qual estejam inseridas, afetando, prejudicialmente, toda a equipe de colaboradores.

Medo, ansiedade e estresse excessivos são alguns dos sentimentos gerados por esse tipo de postura tóxica no ambiente de trabalho.

Por outro lado, as pessoas com autocontrole emocional, conseguem transmitir a confiança e o equilíbrio necessários para superar os momentos críticos, influenciando positivamente o comportamento de todos os colaboradores.

Os profissionais com essa característica são admirados pelos bons exemplos e pelas condutas sensatas nas relações com os membros da equipe e com os clientes externos.

A **consciência social** (*social awareness*) é a capacidade de compreender os sentimentos das outras pessoas e de se colocar no lugar delas, ajudando-as a aprimorar as suas características comportamentais.

Por ter a exata compreensão da perspectiva emocional do outro, a pessoa com consciência social tem uma melhor condição de se comunicar com os membros da equipe e de formular orientações eficientes para os colaboradores.

Essa é uma outra característica estratégica para o setor jurídico, pois o responsável pelo departamento deverá interagir com todos os colaboradores no âmbito interno e externo, avaliar como eles respondem às orientações transmitidas e analisar a qualidade dos resultados produzidos.

Por fim, as **habilidades de relacionamento** (*social skills*) são as características que permitem o indivíduo se relacionar com outras pessoas de uma maneira respeitosa, inspiradora e cooperativa, com foco na criação de sinergia no ambiente empresarial.

Uma pessoa com habilidades de relacionamento tem ainda a capacidade de fazer os colaboradores alcançarem os objetivos legais da empresa da melhor forma possível e de realizar a gestão de conflitos no ambiente de trabalho com foco em uma solução satisfatória para todas as partes.

Importante destacar que a inteligência emocional não é apenas um dom ou uma característica pessoal inata de cada indivíduo. Ela pode ser desenvolvida de forma contínua por meio da realização de cursos voltados para a formação de colaboradores na área empresarial.

Lembre-se que, atualmente, as empresas avaliam a contratação de candidatos não apenas pelas suas habilidades técnicas. Mas, acima de tudo, pelas habilidades socioemocionais, como forma de garantir um padrão de comportamento positivo capaz de gerar resultados consistentes.

2.4 UMA OPORTUNIDADE ÚNICA DE CONHECER O NEGÓCIO

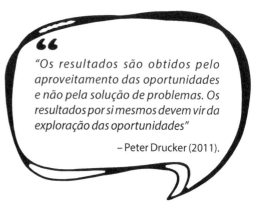

"Os resultados são obtidos pelo aproveitamento das oportunidades e não pela solução de problemas. Os resultados por si mesmos devem vir da exploração das oportunidades"

– Peter Drucker (2011).

O colaborador designado para acompanhar as atividades do Departamento Jurídico possui uma grande oportunidade em suas mãos.

Além de conhecer todos os procedimentos de natureza jurídica, também tem a oportunidade de conhecer os principais problemas de grande parte das áreas da empresa.

Numa empresa cuja atividade-fim seja a prestação de serviços, o responsável pelo setor jurídico poderá atuar diretamente com questionamentos que envolvam, por exemplo, o atendimento ao cliente, os contratos com fornecedores e consumidores, o *marketing*, os recursos humanos, o financeiro e a contabilidade, dentre outras áreas.

Nesse cenário, o responsável direto pelo Departamento Jurídico é a ponte entre: a) a *área técnica* e o *jurídico interno ou externo terceirizado* responsável pela elaboração da defesa; e, b) entre a *empresa* e o *Poder Judiciário ou Órgão de Proteção e Defesa do Consumidor - PROCON*.

A capacitação deste profissional, por consequência, se torna maior a cada dia no que se refere à compreensão global da empresa.

Isto porque, ele será o responsável por compreender e esclarecer determinados aspectos técnicos que deverão ser transmitidos para clientes internos e externos, e, inclusive, no âmbito judicial, por exemplo, na hipótese de representação da empresa na qualidade de preposto em uma audiência.

Em grande parte das vezes o conhecimento dos fundamentos técnicos da principal atividade desenvolvida pela empresa consiste em um requisito necessário para o bom desenvolvimento das atividades do setor jurídico.

Um colaborador que atue numa empresa deve conhecer quais são os principais produtos fornecidos e serviços prestados no seu ambiente empresarial a fim de possuir um melhor domínio sobre as questões jurídicas correlacionadas ao desenvolvimento da atividade.

Acompanhe a divulgação de cursos de formação oferecidos na sua empresa e planeje o seu fluxo de trabalho para participar de treinamentos que possam ampliar ainda mais a sua compreensão técnica do negócio.

Por isso, aproveite a oportunidade para conhecer como são desenvolvidas as funções estratégicas por outros setores com vistas a ampliar o conhecimento multidisciplinar a respeito das atividades existentes no ambiente empresarial.

2.5 O CADASTRAMENTO DOS DOCUMENTOS RECEBIDOS

Uma das principais atividades desenvolvidas pelo colaborador responsável pela gestão do Departamento Jurídico de micro e pequenas empresas está relacionada ao recebimento e ao arquivamento de documentos jurídicos.

Como **documentos jurídicos** devem ser compreendidos todos os documentos recebidos por meios físicos ou digitais que possuam alguma finalidade legal vinculada à sua respectiva emissão e que exigem a adoção de uma providência pela pessoa a qual ele é dirigido.

Como será visto com maiores detalhes no **Subitem 4.2**, dentre os principais documentos jurídicos recebidos pelas empresas podem ser citadas as *notificações*, as *citações* e as *intimações judiciais*.

Os **documentos** recebidos devem ser **imediatamente cadastrados** nos sistemas físicos ou eletrônicos de controle de processos para que não haja esquecimento a respeito das providências jurídicas a serem adotadas.

Desse modo, será possível realizar prontamente o registro da **data e horário de audiência** ou do **prazo para cumprimento de um determinado ato administrativo ou judicial**.

Além disso, no caso da necessidade de reenvio do documento para outros departamentos ou colaboradores externos, a cautela sugerida auxiliará você a monitorar o recebimento de toda a documentação encaminhada ao respectivo destinatário e a realizar um acompanhamento apropriado das audiências e dos prazos a serem cumpridos pelo colaborador externo.

Dois são os principais sistemas de cadastramento e de controle dos documentos jurídicos: o **sistema físico** e o **sistema digital**.

No **sistema físico**, o colaborador poderá fazer uso de *agendas* e de *planilhas de controle impressas* para registrar o recebimento de documentos, marcar audiências e acompanhar os prazos a serem cumpridos.

Nesse sistema o colaborador poderá ainda extrair cópias dos principais documentos e organizá-los por meio de um *arquivo físico* com pastas específicas para organização de todos os processos existentes.

No **sistema digital**, o colaborador fará uso de *agendas* e de *planilhas de controle eletrônicas* assim como dos equipamentos e programas de digitalização de documentos para fins de arquivamento em meios digitais.

Ao utilizar os meios eletrônicos de arquivamento é imprescindível que o colaborador realize uma *cópia de segurança (backup)* de todos os documentos e pastas de processos catalogados a fim de evitar problemas com o arquivo principal.

A atualização da cópia de segurança deverá ser realizada periodicamente com base em um tempo prefixado: *diariamente*, *semanalmente*, *quinzenalmente* ou *mensalmente*, dependendo do volume de informações recebidas pela empresa.

Se possível, verifique a existência de algum programa que gere *automaticamente* a gravação do arquivo de segurança por meio do agendamento de datas e horários prefixados.

A criação do arquivo digital substituto ou reserva poderá ser realizada por meio da utilização de sistemas de arquivamento eletrônicos em nuvem com acesso à Internet, dotados de acesso com *login e senha* e proteção contra a alteração não autorizada de dados.

A adoção de um ou ambos os sistemas acima mencionados dependerá da estrutura da micro ou pequena empresa e do volume de documentos jurídicos recebidos.

Uma empresa dotada de equipamentos de informática básicos como um computador, uma impressora com recurso de digitalização e acesso à Internet poderá fazer uso de todas as vantagens conferidas pelo sistema de arquivamento digital.

O único requisito é o de que os usuários possuam conhecimentos mínimos de informática para manusear os arquivos eletrônicos de forma segura e confiável.

Caso a empresa ainda não possua equipamentos suficientes ou os seus usuários ainda não se sintam confortáveis em utilizar tecnologias digitais para o arquivamento de informações em geral, poderá ser utilizado o sistema físico de controle de documentos jurídicos.

Todavia, atualmente, grande parte das empresas tem optado pela adoção dos sistemas digitais como forma de economia de espaço, de recursos com documentos impressos e visando alinhar os seus procedimentos administrativos internos às práticas ambientalmente sustentáveis.

O uso de sistemas digitais gera ainda as vantagens que o acesso de documentos eletrônicos por meio de computadores e celulares inteligentes (*smartphones*) conectados à Internet tem proporcionado para o trabalho na *Era da Informação Digital*.

Para uma empresa que possua um volume considerável de ações, recomenda-se a aquisição de um **sistema eletrônico de gestão jurídica** para o cadastramento de processos e o monitoramento do cumprimento dos prazos administrativos e judiciais.

Além do controle digital de datas e horários de audiências e do cumprimento de prazos administrativos e judiciais, esses sistemas propiciam, ainda, a elaboração de relatórios analíticos úteis para a tomada de decisões relativas ao planejamento estratégico da empresa.

No caso de um fluxo extremamente reduzido de documentos, o colaborador poderá fazer uso de uma simples "**Ficha Processual**" (confira o modelo no **Anexo A**) para controle dos processos administrativos e judiciais, a qual deverá ser periodicamente atualizada com informações colhidas pelo próprio colaborador ou pelo escritório de advocacia externo.

Após a abertura de uma **pasta física** ou **digital específica** para o novo processo administrativo ou judicial recebido, o colaborador deverá arquivar o documento jurídico na respectiva pasta com o intuito de facilitar as consultas e de organizar o fluxo de comunicações futuras.

2.6 A MELHOR FORMA DE ENCAMINHAMENTO DAS INFORMAÇÕES

O procedimento de envio de informações entre a matriz, as filiais e os colaboradores externos, deve observar um fluxo determinado para garantir a segurança do recebimento dos comunicados jurídicos e levar em consideração os meios físicos ou digitais de arquivamento utilizados.

2.6.1 O tratamento dos documentos físicos e digitais

No caso de **micro** e **pequenas empresas** com **matriz e filiais**, os colaboradores responsáveis pelo recebimento de documentos nos estabelecimentos auxiliares deverão promover o envio da documentação para a sede da empresa.

Desse modo, caso o documento jurídico recebido seja impresso, a filial deverá realizar a sua digitalização para fins de envio por *e-mail* e de inserção no sistema eletrônico. Alternativamente, caso a empresa não faça uso de equipamentos de digitalização, recomenda-se extrair uma cópia e enviar o seu conteúdo para a matriz.

Se o documento recebido for digital, ele deverá ser inserido imediatamente no sistema de acompanhamento eletrônico ou na pasta digital especificamente criada para o arquivamento dos documentos do processo administrativo ou judicial.

Caso o colaborador da filial não tenha acesso a essa função, deverá enviar, logo após o recebimento, a cópia do documento digital para o colaborador responsável na matriz da empresa via correio-eletrônico (*e-mail*) ou outro sistema de mensagens eletrônicas.

No caso do envio de documentos impressos ou digitais para matriz, o colaborador deverá confirmar por telefone o recebimento dos materiais enviados.

O contato telefônico é imprescindível a fim de evitar problemas técnicos ou de extravio no envio de comunicados impressos ou eletrônicos.

Além do contato telefônico, caso o seu correio-eletrônico possua esse recurso, insira um comando na mensagem solicitando a **confirmação de recebimento** e **de leitura** pelo destinatário a fim de se preservar em face de eventuais alegações de não recebimento pelo destinatário.

Não se esqueça de arquivar uma cópia de todas as mensagens eletrônicas enviadas e de todos os procedimentos de cadastramento e de arquivamento de documentos jurídicos realizados por meio da transformação dos documentos em PDF no seu arquivo pessoal.

Caso surja alguma dúvida ou problema futuro você poderá apresentar os arquivos desses documentos para comprovar que realizou a sua função de maneira adequada.

Nas micro e pequenas empresas que não possuam advogados internamente ou que as atividades de elaboração de defesas administrativas e judiciais sejam realizadas por um advogado externo, recomenda-se adotar os mesmos procedimentos acima descritos para o envio de documentos jurídicos e para o acompanhamento do controle de prazos processuais.

O encaminhamento dos documentos sempre deverá ser dirigido ao colaborador competente para que não haja extravio ou atraso no seu recebimento (ex.: notificações, citações e intimações judiciais).

Recomenda-se definir previamente quem será a pessoa responsável pelo recebimento dos documentos jurídicos na matriz e no escritório de advocacia externo com o objetivo de facilitar os contatos sobre os procedimentos de envio de documentos.

2.6.2 O ofício para o envio dos documentos jurídicos

Os comunicados da empresa entre os departamentos internos ou o escritório de advocacia externo sempre devem ser realizados por meio de um **Ofício**, no qual serão descritos os dados do processo bem como uma lista de documentos a ser encaminhada, com a identificação do responsável (confira o modelo no **Anexo B**).

O ofício de encaminhamento poderá ser emitido de duas formas:

1) **Ofício Impresso**, no caso do envio de documentos na sua forma original e que não admitam o envio em cópia simples ou autenticada digitalizadas; e,

2) **Ofício Digital**, no caso do envio de documentos digitalizados, utilizando-se de correios-eletrônicos ou outros meios de mensagens eletrônicas.

No caso do **ofício de encaminhamento impresso**, ele deverá ser sempre emitido em duas vias:

1) a **via original** será remetida ao respectivo destinatário, devidamente instruída dos documentos necessários para a adoção da medida administrativa ou judicial pertinente; e,

2) a **via de protocolo** deverá ser assinada e carimbada pelo destinatário, para fins de comprovação do recebimento dos documentos enviados, o que garantirá que o fluxo de transferência de documentos ocorra dentro do planejado, resguardando a empresa de eventuais extravios. Após assinada, esta via será mantida no arquivo interno.

Em todos os casos, principalmente nos de urgência, sempre envie uma **mensagem** ou **correio-eletrônico** ao Jurídico da matriz ou ao advogado externo, comunicando a chegada da documentação e o seu respectivo envio por serviço de correspondência ou que ela estará à disposição para retirada.

Este procedimento certificará que os destinatários tenham ciência a respeito da necessidade de acesso ao material disponibilizado por meio de envio postal ou retirada no local, resguardará a sua função e evitará a perda de prazos administrativos ou judiciais.

Caso exista a possibilidade de digitalização dos documentos, você poderá ainda encaminhá-los como arquivos anexos à própria mensagem ou correio--eletrônico.

As caixas de correio-eletrônico e as respectivas mensagens delas originadas, geralmente, possuem uma capacidade limitada para o envio de arquivos anexos. Em razão disso, recomenda-se a seleção dos documentos mais importantes e a utilização de um aplicativo compactador visando à redução do tamanho dos arquivos a serem enviados.

Lembre-se sempre de conferir atentamente todos os documentos recebidos, pois a ausência de alguma documentação pode obrigá-lo a providenciar novo encaminhamento do que foi deixado para trás, acarretando prejuízo para a agilidade da prestação de serviços.

Em todos os casos, o recebimento dos documentos deverá ser monitorado pelo responsável por seu envio junto ao respectivo setor de recebimentos ou destinatário final por **telefone**.

O contato telefônico imediato é bastante útil sempre que houver a necessidade de esclarecimentos complementares a respeito das medidas a serem adotadas em relação ao material encaminhado.

No caso do recebimento de uma citação judicial a respeito de uma ação proposta em face da empresa, o jurídico deverá solicitar à área responsável a confecção de um **Relatório Técnico** acompanhado da documentação necessária para compreensão da controvérsia.

Depois, o dossiê deverá ser encaminhado para o setor responsável ou ao escritório advocatício colaborador para a elaboração da defesa.

No caso do encaminhamento de documentação para o escritório de advocacia externo, também deverão ser enviados os **atos constitutivos da empresa** e a **procuração outorgando poderes aos advogados** nela especificados para a representação administrativa ou judicial.

Tais documentos servem para comprovar que a empresa foi devidamente criada perante o registro público competente, e que os seus representantes legais e advogados foram devidamente designados para representar os seus interesses, regularizando, assim a sua representação processual.

Por isso, sempre é recomendada a **leitura prévia do conteúdo dos documentos** enviados para fins de conhecimento dos processos, intervenções e cobrança quanto às providências solicitadas (ex.: emissão de cheques para pagamentos de previsão de acordos ou condenações judiciais; pedido de orientação quanto à elaboração de um recurso; exigência do protocolo de uma petição etc.).

Nas empresas que se utilizem, preferencialmente, de meios impressos para arquivamento, a **utilização da copiadora** deverá ser realizada de maneira responsável, principalmente, considerando as variáveis ambientais relacionadas à economia na utilização de recursos.

A extração de cópias deve ser realizada como meio de manter a empresa devidamente resguardada em razão do fluxo de envio e de recebimento de documentos, e de informações que porventura possam ser solicitadas para fins de controle interno e externo (ex.: comprovantes de pagamento; documentos que possam ser exigidos por auditorias externas etc.).

A **manutenção de documentos** essenciais em arquivo também poderá auxiliar no conhecimento atualizado da empresa quanto ao andamento dos processos abertos e no acesso à documentação necessária para o desenvolvimento das atividades internas.

A disponibilização de um espaço exclusivamente dedicado para a guarda dos documentos de natureza jurídica proporcionará maior segurança para a sua manipulação e arquivamento.

Importante destacar ainda que, **após o recebimento, os documentos jurídicos deverão ser imediatamente enviados** ao respectivo advogado responsável ou escritório de advocacia colaborador (ex.: notificações administrativas, citações judiciais, mandado de intimação e penhora etc.).

O envio imediato apenas poderá ser dilatado na hipótese de elaboração de dossiê documental que vise instruir o advogado a respeito de aspectos fundamentais relacionados ao litígio posto em juízo (ex.: relatório técnico acompanhado de documentos).

Nos demais casos, recomenda-se o envio imediato dos documentos recebidos para que a deliberação sobre as medidas a serem tomadas possa ser, o quanto antes, cientificada ao profissional responsável pela elaboração da defesa da empresa.

> *Por isso, bastante atenção para o fluxo de encaminhamento de documentos que demandam prazo curto de análise!*

Saiba que você será a pessoa cobrada a respeito de informações dos processos da empresa. Portanto, se possível, esteja sempre atualizado e à frente das pessoas que possam necessitar dos seus serviços. Tal diligência somente trará benefícios ao desenvolvimento dos seus trabalhos.

> *Eficiência e agilidade nas respostas às consultas realizadas podem significar a redução de tempo para a tomada de decisões estratégicas para a empresa.*

Portanto, tome ciência e esteja atualizado a respeito do conteúdo dos procedimentos de envio e de recebimento de documentos realizados. Para tanto, utilize uma agenda física ou eletrônica para anotar as principais providências adotadas e para acompanhar o cumprimento dos prazos administrativos e judiciais.

2.7 COMO ENFRENTAR AS SITUAÇÕES DIFÍCEIS

> "Às vezes, quando você inova, você comete erros. É melhor admiti-los rapidamente, e seguir em frente para melhorar suas outras inovações"
> – Steve Jobs (Revista Época, 2022).

Todos sabem que por mais diligentes possamos ser em relação aos trabalhos realizados, estamos suscetíveis à ocorrência de problemas.

Vislumbrando tais questões, o corpo filosófico de uma das mais admiradas empresas brasileiras no seu ramo de atuação nos ensina o seguinte (Porto Seguro, 2022):

Erros acontecem e precisam ser assumidos e corrigidos de imediato, como oportunidade de aprendizado, melhoria e crescimento.

Por isso, se algum problema surgir no desenvolvimento de suas atividades diárias, comunique imediatamente à administração da empresa, para que todos os afetados possam tomar ciência e procurar de forma conjunta uma maneira de resolvê-lo.

Saiba que é melhor enfrentar a questão no momento no qual ela surge do que postergá-la, com efeitos muito mais prejudiciais para o futuro.

A identificação do erro, o diagnóstico adequado da sua solução e a adoção da medida imediata para corrigi-lo poderão propiciar a sua superação e representar uma forma de aprendizado para a organização a fim de evitar a sua repetição.

Erros prontamente identificados e a adoção de medidas imediatas para corrigi-los têm a vantagem de diminuir os seus eventuais impactos negativos, demonstrando comprometimento e responsabilidade do colaborador com as características de honestidade e transparência tão valorizadas pelas empresas atualmente.

Como parte do processo de aperfeiçoamento profissional, faça uma reflexão sobre o que pode ter levado você a cometer o erro. Analise se a principal causa do problema ocorrido foi provocada por: inexperiência, precipitação, desatenção, problemas de comunicação, diagnóstico equivocado, deficiência técnica etc.

Ao identificar a principal causa do erro, dedique-se a aprimorar as suas habilidades com o intuito de que ele não se repita.

Por exemplo, se ele foi causado por um problema de comunicação, certifique-se em uma nova oportunidade que compreendeu as informações repassadas de maneira correta. Se o erro foi técnico, dedique-se a aprimorar as suas habilidades profissionais por meio da realização de cursos de capacitação na sua área de atuação.

Depois, concentre-se no seu equilíbrio emocional. Assegure-se de que o episódio desencadeador do erro esteja superado e que você se encontra plenamente focado para realizar as suas atividades profissionais.

Considere a possibilidade de solicitar que outros colegas revisem alguns procedimentos por você adotados a fim de se certificar que as suas condutas estejam sendo realizadas em conformidade com os padrões de qualidade desejados pela empresa.

Saiba que a humildade de reconhecer os erros, refletir sobre eles a fim de aprimorar o seu desempenho e desenvolver o emocional para lidar com situações difíceis, o fará um profissional melhor e mais capacitado para enfrentar novos desafios.

3
A ROTINA DIÁRIA

> *"O Planejamento é um instrumento para raciocinar agora, sobre que trabalhos e ações serão necessários hoje, para merecermos um futuro"*
> – Peter Drucker (2006).

Neste capítulo serão apresentadas algumas tarefas que compõem a rotina prática da gestão do Departamento Jurídico, com o objetivo de organizar o agendamento de audiências, o controle de prazos, a designação de representantes e o reembolso das despesas com os serviços de advocacia.

3.1 NÃO DEIXE PARA FAZER AMANHÃ O QUE PODE SER FEITO HOJE

A rotina de trabalho faz parte das atividades habituais de qualquer empresa, em razão disso, torna-se válido oferecer algumas noções visando familiarizar o colaborador ao ambiente empresarial ao qual ele será integrado.

A expressão que dá nome a este tópico deve ser seguida à risca pelo colaborador do Departamento Jurídico, uma vez que o volume de documentos recebidos por este setor muitas vezes não possui um padrão previamente definido, variando conforme a demanda interna e externa de serviços jurídicos.

Dentre alguns serviços podem ser citados: as consultas internas, as reclamações abertas por consumidores nos Procons e os processos instaurados no Poder Judiciário, em relação aos quais se destacam os prazos exíguos dentro dos quais devem ser emitidas as respostas da empresa.

Além disso, o encaminhamento célere da documentação recepcionada propiciará condições para uma pesquisa que vise buscar elementos para a composição de um **dossiê** sobre cada caso.

O **dossiê** consiste em um **relatório técnico**, emitido pela área responsável pelo problema jurídico sob análise, devidamente acompanhado de **documentos** que possam esclarecer os fatos suscitados.

Este material será enviado ao advogado interno ou ao escritório de advocacia externo, a fim de que seja providenciada, o mais rápido possível, a elaboração da defesa da empresa.

Quanto mais ágil for a transmissão dos dados, mais tempo restará para a realização de diligências internas visando esclarecer os aspectos relacionados à questão posta em litígio.

Além do mais, tal disciplina ocasionará um esvaziamento das pendências de trabalho diário, diminuindo exigências que ultrapassam a atenção necessária para o bom acompanhamento dos processos do departamento e para o desenvolvimento de outras atividades correlacionadas.

3.2 O ACOMPANHAMENTO DOS PROCESSOS E DOS SERVIÇOS JURÍDICOS TERCEIRIZADOS

Como apresentado na introdução deste Manual, dependendo do porte econômico e do volume de atividades, algumas empresas optam por estruturar um Departamento Jurídico com: 1) **colaboradores internos** (um ou mais funcionários), ou, por contratar, 2) **colaboradores externos** (um advogado ou um ou mais escritórios de advocacia) para o atendimento da demanda consultiva e contenciosa no âmbito legal.

As empresas de grande porte, geralmente, optam pela **contratação de ambos os tipos de colaboradores**, com o objetivo de ampliar a capacidade de produção de serviços jurídicos para o atendimento das suas necessidades organizacionais.

O **colaborador interno** estará vinculado a um **contrato de trabalho**, regido pelos dispositivos da Consolidação das Leis do Trabalho – CLT e por outras leis aplicáveis a esse tipo de relação empregatícia (Estatuto da OAB).

O valor da remuneração de um advogado interno ou corporativo poderá ser livremente negociado entre a empresa contratante e o profissional contratado sob o regime trabalhista.

A remuneração, geralmente, é fixa, e, também, poderá ter um valor extra por produtividade ou êxito em ações, inclusive, participação nos lucros. Muitas empresas adotam um **plano de carreira** baseado no tempo de experiência profissional (ex: advogado júnior, pleno ou sênior) e na área de especialidade jurídica exercida (ex: direito empresarial, trabalhista, tributário etc.).

Contudo, a remuneração deverá observar, necessariamente, um valor mínimo, calculado com base no exercício de *jornada parcial* (4 horas diárias ou

20 horas semanais) ou de *jornada integral, com regime de exclusividade* (8 horas diárias ou 40 horas semanais).

Atualmente, não há no Brasil uma lei federal prevendo de forma unificada o valor mínimo para o salário de um advogado em nível nacional.

Alguns estados e o Distrito Federal possuem leis próprias regulando a matéria. Nos estados em que não há lei, as subseções da OAB ou os sindicatos de advogados divulgam recomendações de valores mínimos para esse tipo de contratação sob o vínculo trabalhista (Migalhas, 2023).

Por sua vez, o **advogado** e o **escritório de advocacia externo** estarão vinculados ao cumprimento de um **contrato de prestação de serviços** (confira o modelo no **Anexo C**) e somente poderão desenvolver suas atividades de acordo com as orientações transmitidas pela empresa.

A empresa poderá optar pelas seguintes modalidades de contratação de serviços advocatícios: **advocacia para causas isoladas** ou **advocacia de partido**.

Na **advocacia para causas isoladas**, a *sociedade de advogados* (pessoa jurídica) ou o *advogado* (pessoa física) será responsável por atuar em consultas ou processos específicos e eventuais a pedido da empresa.

Nesta modalidade, para cada consulta ou processo, deverá ser celebrado um contrato de prestação de serviços e a forma de remuneração é fixada com base em um valor fechado pelo trabalho individual a ser realizado.

Na **advocacia de partido**, a *sociedade de advogados* (pessoa jurídica) ou o *advogado* (pessoa física) será responsável por atuar de modo habitual em consultas ou em processos nos quais a empresa venha a ser citada, em uma ou mais áreas do Direito dentro do prazo previsto em contrato (ex.: cível, tributária, trabalhista, criminal etc.).

Nesta modalidade, a forma de remuneração considera o trabalho global a ser realizado e poderá ser fixada por produtividade, ou, por um valor mensal ou anual previamente definido pelas partes.

A título comparativo, o contrato de advocacia por partido, quando fixado por meio de pagamento mensal, se assemelha a um plano de saúde que o usuário poderá utilizar quando tiver algum problema jurídico. Enquanto o contrato por causa isolada se assemelha a uma consulta médica avulsa que o usuário deverá pagar quando tiver que realizá-la.

Importante esclarecer que a Ordem dos Advogados do Brasil – OAB estabelece o valor mínimo dos serviços advocatícios a serem cobrados, por meio de tabelas aprovadas por suas respectivas subseções instaladas nos Estados e no Distrito Federal, os quais deverão levar em conta, dentre outros aspectos: a relevância, o vulto, a complexidade e a dificuldade das questões versadas assim como o trabalho e o tempo necessários para a sua realização.

Esta uniformização de preços, contudo, não impede que os contratantes, dentro dos princípios de livre negociação, sem que isso implique em desvalorização da profissão, possam estabelecer tratativas visando adequar o valor dos serviços à realidade e ao fluxo de demandas da empresa.

Relevante destacar que o **advogado** e o **escritório de advocacia externo** prestarão os serviços de advocacia como autônomos, em seus próprios escritórios, não possuindo vínculo de emprego com a empresa.

Daí a importância de que o responsável pelo Departamento Jurídico mantenha um contato frequente com o advogado ou escritório de advocacia externo a fim de municiá-lo com as informações necessárias para a execução das funções jurídicas em favor da empresa.

Após o encaminhamento dos documentos, o colaborador interno torna-se responsável por verificar se as demandas jurídicas serão atendidas de forma satisfatória pelo advogado ou escritório de advocacia terceirizado.

Por exemplo, no caso do recebimento de uma citação judicial para apresentação de defesa no prazo de 15 dias, será atribuição do responsável pelo jurídico cobrar do escritório a cópia da defesa protocolada, dentro do prazo legal, e, analisar se, do ponto de vista técnico, o trabalho abordou adequadamente a tese contestatória sustentada pela empresa.

Para a organização do controle de prazos judiciais, sugere-se a utilização de uma "**Planilha de Controle de Prazos**" (confira o modelo no **Anexo D**), na qual será registrada a data de recebimento da correspondência (data de início da contagem do prazo) e a data final para o protocolo da resposta dirigida ao ente emissor da notificação, citação ou intimação (data de vencimento do prazo).

O colaborador responsável pelo departamento jurídico agendará a cobrança da resposta protocolada pelo advogado ou escritório de advocacia com pelo menos **um dia de antecedência** do prazo final, a fim de evitar qualquer risco de perda do prazo processual.

Exemplificando, no caso do recebimento de uma citação judicial para a elaboração de uma defesa, cujo prazo de resposta é de 15 dias, se o dia do início da contagem do prazo for o dia 01/03 (quarta-feira), e não houver nenhum feriado dentro desse período, deverá ser marcado na agenda o dia 22/03 (quarta-feira) como o prazo final, e a cobrança da petição protocolada deverá ser realizada um dia antes do prazo final.

O **Código de Processo Civil de 2015** prevê que a contagem de **prazos em dias** deverá ser realizada com base apenas em **dias úteis**. Nos **Juizados Especiais Cíveis** e na **Justiça do Trabalho**, a contagem dos prazos em dias também observa a mesma regra do CPC, ou seja, são considerados **apenas os dias úteis**.

Todavia, no âmbito de **processos administrativos** regidos por leis próprias, deverá ser observado o tipo de contagem previsto na sua lei específica. Em sua grande parte, nos processos administrativos, adota-se a contagem por **dias corridos**, considerando os **dias não úteis** e os **feriados**.

Contudo, para fins de defesa, quanto mais conservadora for a contagem, maior será o tempo restante que poderá ser aproveitado para contornar uma eventual falha em relação à contagem de prazos. Neste caso, sempre será melhor sobrar tempo, do que faltar, para o cumprimento de um ato processual.

Ao preencher a "**Planilha de Controle de Prazos**" sempre observe as informações constantes do próprio mandado de citação e/ou de intimação, assim como consulte a respectiva lei processual aplicável e atualizada para o correto lançamento do prazo a ser cumprido (ex.: Código de Processo Civil; Consolidação das Leis do Trabalho etc.).

Com o intuito de facilitar o preenchimento da planilha, disponibilizamos ao final deste manual, ilustrativamente, uma "**Lista de Prazos**" (confira o modelo no **Anexo E**) com as principais ocorrências processuais cíveis e trabalhistas, sem que ela, contudo, tenha a função de substituir as orientações acima destacadas, as quais deverão ser constantemente verificadas pelo colaborador responsável pelo departamento jurídico, em razão das constantes alterações legislativas no âmbito processual brasileiro.

Para conhecer como a contagem dos prazos processuais deverá ser realizada, consulte o **Subitem 4.2 – "Os comunicados jurídicos"** e o **Subitem 4.3 – "A contagem dos prazos processuais"**.

Os **sistemas eletrônicos de controle processual**, geralmente, possuem a função de contagem automática dos prazos de vencimento, inclusive, com a emissão de alertas com um ou mais dias de antecedência do prazo final. Esta função é muito útil para evitar a perda de prazos processuais.

Destaca-se, mais uma vez, que o colaborador responsável pelo jurídico é uma ponte entre a empresa, os advogados externos e os clientes.

O acompanhamento da evolução dos processos administrativos e judiciais, por meio da atualização periódica do sistema de controle processual físico ou eletrônico, também é uma forma importante de antecipar cenários prejudiciais para a empresa.

Como exemplo, cita-se a hipótese da necessidade de constituição de uma **provisão financeira** para o pagamento do valor de uma condenação judicial iminente, considerando a incidência de 10% de multa e de 10% de honorários advocatícios sobre o valor da condenação, caso ela não seja paga em até 15 dias do recebimento da intimação judicial (Art. 523 do CPC).

Desse modo, a atualização das informações sobre os processos deve ser realizada com o intuito de possibilitar o conhecimento a respeito do andamento das ações, visando à tomada de decisões adequadas em favor da empresa, a cada etapa processual.

Portanto, deve-se evitar que a empresa seja surpreendida com a prática de atos administrativos ou judiciais para os quais ela não tenha conhecimento sobre o assunto e não tenha sido previamente preparada.

Isso reduzirá a necessidade da tomada de medidas em caráter de urgência bem como da mobilização de colaboradores e ativos do patrimônio que não haviam sido previamente preparados para a medida judicial gerada, principalmente, no caso de **penhoras** e de **bloqueios judiciais eletrônicos de contas bancárias** utilizadas para o desenvolvimento das atividades cotidianas da empresa.

3.3 A AGENDA DE AUDIÊNCIAS E A DESIGNAÇÃO DOS REPRESENTANTES

Neste subitem serão apresentadas as orientações mais importantes relacionadas à organização da agenda de audiências e à designação dos representantes da empresa nas audiências realizadas no Poder Judiciário ou nos Órgãos de Proteção e Defesa do Consumidor.

As orientações apresentadas também se aplicam aos procedimentos privados de solução de controvérsias (ex: tribunais arbitrais) ou de autoridades públicas no âmbito federal, estadual, municipal ou distrital (ex: secretarias da receita, ministério público, delegacias etc.).

3.3.1 Como montar a agenda de audiências

O Departamento Jurídico deverá possuir, além da "**Agenda de Controle de Prazos**", uma "**Agenda de Audiências**", na qual serão anotados **a data, o horário e o local** designados pelos tribunais e pelos Procons para comparecimento às audiências das ações propostas em desfavor da empresa (confira o modelo no **Anexo F**).

O agendamento de audiências também deverá ser realizado nos casos de **ações propostas pela empresa em face de terceiros**, como, por exemplo, ações de cobrança contra fornecedores ou clientes.

Assim, a partir do recebimento da intimação judicial a respeito da designação de uma audiência, o responsável pelo jurídico deverá lançar **a data, o horário e o local** de comparecimento na "**Agenda de Audiências**".

Caso os serviços jurídicos sejam realizados por colaborador externo, também deverá ser providenciado o comunicado ao escritório de advocacia responsável, por meio de ofício e por meio de mensagem eletrônica, a fim de que seja designado um advogado para representação judicial da empresa.

Lembre-se que a empresa poderá figurar na ação judicial na qualidade de autora ou na qualidade de requerida. Em ambos os casos, ela deverá comparecer às audiências designadas a fim de preservar os seus interesses econômicos e jurídicos.

A presença de um representante da empresa, de regra, um sócio ou um funcionário habilitado para tanto, em audiências, é obrigatória, por força de lei.

Veja o que dispõe o Código de Processo Civil:

Art. 75. Serão representados em juízo, ativa e passivamente:

VIII - a pessoa jurídica, por quem os atos constitutivos designarem ou, não havendo essa designação, por seus diretores.

Art. 334. [...] o juiz designará audiência de conciliação ou de mediação com antecedência mínima de 30 (trinta) dias, devendo ser citado o réu com pelo menos 20 (vinte) dias de antecedência.

§ 8º O não comparecimento injustificado do autor ou do réu à audiência de conciliação é considerado ato atentatório à dignidade da justiça e será sancionado com multa de até dois por cento da vantagem econômica pretendida ou do valor da causa, revertida em favor da União ou do Estado.

§ 9º As partes devem estar acompanhadas por seus advogados ou defensores públicos.

§ 10 A parte poderá constituir representante, por meio de procuração específica, com poderes para negociar e transigir.

Contudo, há entendimento, doutrinário e jurisprudencial, de que o simples **comparecimento do advogado à audiência de conciliação, com poderes para negociar e firmar acordo**, dispensaria a necessidade de comparecimento pessoal da parte e, consequentemente, no caso da sua ausência, afastaria a aplicação da pena por ato atentatório à dignidade da justiça (STJ, RMS 56.422, rel. Min. Raul Araújo, j. 08.06.2021).

Nos **Juizados Especiais Cíveis Estaduais é obrigatório o comparecimento pessoal da parte às audiências**, sendo permitido à **pessoa jurídica designar preposto para realizar a sua representação** (Enunciado n.º 20 do Fórum Nacional de Juizados Especiais).

O agendamento das audiências deverá ser realizado em duas oportunidades: 1) a **primeira**, quando do recebimento da notificação administrativa (ex.: PROCON) ou da citação ou intimação judicial (ex.: Poder Judiciário), comunicando a respeito da data, horário e local para comparecimento perante o órgão expedidor da correspondência; e, 2) a **segunda**, quando do encaminhamento de comunicado pelo advogado ou escritório de advocacia (colaborador externo) a respeito das intimações de audiências publicadas por meio do órgão oficial de imprensa do Poder Judiciário (Diário da Justiça Eletrônico).

Com o intuito de evitar contratempos, a verificação da agenda de audiências deve ser realizada **semanalmente** por meio de mensagem eletrônica, além do contato telefônico com o advogado ou escritório.

A sugestão é que a confirmação da pauta de audiências seja feita todas as sextas ou segundas-feiras, a fim de que haja tempo suficiente para o planejamento semanal de escolha, preparação e comunicação dos representantes.

Nos casos de um fluxo menor de audiências, recomenda-se que a confirmação seja realizada com menos antecedência, **quinzenalmente** ou **mensalmente**.

> *Contudo, destacando-se sempre que todas as audiências surgidas durante esse período deverão ser imediatamente comunicadas para fins de planejamento e designação dos representantes.*

A conferência da agenda de audiências é uma tarefa extremamente importante com o intuito de preservar a reputação e os interesses da empresa. Além disso, o comparecimento à audiência também pode incentivar a celebração de um acordo visando pôr fim ao litígio de forma amigável.

3.3.2 Como constituir os representantes

Inicialmente, importante esclarecer que a representação da empresa em audiência deverá ser feita por meio da presença do **empresário**, no caso de microempreendedor individual, ou do **sócio-diretor**, designado no contrato da sociedade para representá-la.

Todavia, nem sempre o empresário ou o sócio-diretor poderão se fazer presentes em audiência e, nesse caso, deverão designar um preposto para representar a empresa.

O **preposto**, para os devidos fins legais, é aquele que representa a vontade da empresa nos atos específicos que ela tenha interesse jurídico e para os quais ele esteja autorizado expressamente a representá-la.

Para um maior detalhamento a respeito da função do preposto no âmbito administrativo ou judicial bem como a respeito da necessidade de conhecimento sobre os fatos que envolvem a questão litigiosa, após a leitura deste tópico, veja o **Subitem 3.4 – "As Audiências"**.

Mas pergunta-se: como podemos aferir se o empresário, o sócio-diretor e o preposto foram devidamente constituídos para fins de comparecimento a uma audiência? É simples, eles deverão estar de posse dos documentos que demonstrem que a empresa outorgou regularmente poderes a eles para representá-la.

No caso da **pessoa física** sob a forma de um **microempreendedor individual – MEI, se ele comparecer à audiência**, deverá apresentar: 1) o *requerimento de empresário* ou o *certificado da condição de microempreendedor individual – CCMEI*; e, 2) o seu respectivo *documento de identidade*.

Se o comparecimento se der **por preposto credenciado**, este deverá apresentar: 1) o *requerimento de empresário* ou o *certificado da condição de microempreendedor individual – CCMEI*; 2) a **carta de preposição**, assinada pelo microempreendedor, constituindo-o como representante (veja o modelo no **Anexo G**), e 3) o seu respectivo *documento de identidade*.

No caso da **pessoa jurídica** sob a forma de uma **sociedade de responsabilidade limitada**, a empresa poderá ser representada pelo sócio expressamente investido com os poderes para geri-la ou por um funcionário especificamente designado para o ato.

De regra, **se o comparecimento se der por um sócio da empresa**, a representação será provada mediante a apresentação: 1) do *contrato social da empresa*, inclusive de eventuais alterações contratuais posteriores, nos quais esteja expressamente prevista a sua qualidade de sócio com poderes de representação, e 2) do seu respectivo *documento de identidade*.

Se o preposto for um funcionário, será necessária a apresentação: 1) do *contrato social da empresa*, inclusive de eventuais alterações contratuais posteriores, 2) de uma **carta de preposição**, assinada pelo sócio responsável, constituindo o colaborador como representante (veja o modelo no **Anexo G**), e 3) do seu respectivo *documento de identidade*.

A Lei das Micro e Pequenas Empresas previu, ainda, a possibilidade de constituição da **sociedade de garantia solidária**, sob a forma de uma S.A. (Art. 61-E), para a concessão de garantia aos seus sócios participantes (microempresários, pequenos empresários etc.).

No caso de uma **sociedade anônima, se a pessoa designada for diretor desta**, a representação será provada mediante a apresentação: 1) do *estatuto social da empresa*, inclusive de eventuais alterações estatutárias posteriores, nos quais esteja expressamente prevista a sua autorização para representá-la; 2) da *ata de assembleia geral* designando-o como diretor; e 3) do seu respectivo *documento de identidade*.

Se o preposto for um funcionário, será necessária a apresentação: 1) dos *atos constitutivos da empresa* (estatuto social e ata de assembleia geral designando os diretores). 2) de uma *carta de preposição*, assinada pelo diretor responsável, constituindo o colaborador como representante (veja o modelo no **Anexo G**); e 3) do seu respectivo *documento de identidade*.

Nas ações em trâmite perante os **Juizados Especiais**, sendo o réu uma **pessoa jurídica** ou **titular de firma individual**, admite-se que a sua representação seja realizada por preposto credenciado **sem a necessidade de vínculo empregatício** (Art. 9º, § 4º, da Lei Federal n.º 9.099/95).

Na **Justiça do Trabalho**, o empregador também poderá ser representado por **preposto sem vínculo empregatício ou societário** (Art. 54 da LC n.º 123/2006 e Art. 843 da CLT).

Todavia, o Regulamento Geral (Art. 3º) e o Código de Ética da OAB (Art. 25) preveem que **é proibido ao advogado acumular, no mesmo processo, as funções de advocacia e de preposição do empregador ou cliente**.

Em relação à designação do representante, a apresentação dos documentos acima mencionados tem a finalidade de demonstrar que a transmissão de poderes para representação da empresa foi feita de acordo com as previsões societárias vigentes no âmbito interno da organização.

No caso de um **advogado** ou **escritório de advocacia**, a representação judicial é formalizada por meio de uma **procuração geral para o foro** (procuração *ad judicia et extra*), com poderes para credenciar os advogados a atuarem em uma determinada reclamação ou processo judicial, a qual deverá observar as mesmas recomendações anteriores no que toca aos instrumentos de constituição da empresa e das pessoas responsáveis pela assinatura de documentos (confira o modelo no **Anexo H**) (Art. 105 do CPC).

No âmbito da representação advocatícia, poderá ser emitida ainda a **procuração com plenos poderes** ou realizada **a inserção de cláusulas com poderes específicos**, a fim de que o advogado possa praticar atos que deveriam ser feitos pela parte pessoalmente (ex.: confessar, reconhecer a procedência do pedido, transigir, receber e dar quitação de valores etc.).

Torna-se oportuno advertir que a emissão de **procuração com plenos poderes** ou com **a inserção de cláusulas com poderes específicos** somente deverá ser realizada pela empresa nos casos de estreita relação de confiança com o advogado, ou escritório de advocacia, em razão das suas consequências jurídicas relevantes.

Ademais, recomenda-se que a procuração seja emitida com a vinculação do advogado a um determinado processo e com a fixação de um prazo de validade, após o qual ela não terá mais efeitos jurídicos.

3.3.3 A relevância dos documentos de representação

A falta da documentação anteriormente citada pode prejudicar, inclusive, o acesso do advogado aos autos do processo e pode causar prejuízo para a elaboração da defesa.

No caso da realização de audiência, a apresentação dos documentos acima citados adquire ainda mais importância porque, geralmente, a parte requerida é obrigada a comprovar neste ato a regularidade da sua representação, sob pena de aplicação das sanções processuais cabíveis pela sua omissão.

> *Portanto, é imprescindível que o empresário, o diretor ou o preposto compareçam em audiência munidos dos documentos que os credenciem a representar a vontade da empresa e o advogado de procuração com a concessão expressa de poderes de representação.*

Sugere-se que na eventualidade de não apresentação dos documentos de credenciamento e dos atos constitutivos em audiência, o representante ou o advogado formalizem o **requerimento de concessão de prazo** razoável para a entrega dos documentos, visando regularizar a representação da empresa.

No âmbito dos Juizados Especiais Cíveis Estaduais, a concessão de prazo para tal finalidade tem sido admitida tão somente para a **celebração de acordo** que vise pôr fim ao litígio (Enunciado 99 do Fórum Nacional de Juizados Especiais – FONAJE).

Esses documentos, como regra, são emitidos com bastante antecedência e são anexados ao dossiê para a confecção da ação ou defesa.

Todavia, com o intuito de evitar maiores contratempos, antes da realização da audiência, orienta-se a confirmação prévia junto ao escritório de advocacia do recebimento dos atos constitutivos da empresa e da procuração outorgando poderes para a representação judicial do advogado.

Lembre-se de que a não apresentação dos documentos explicitados neste item pode acarretar a **revelia** e consequentemente a **condenação da empresa**. Veja o que prevê o Código de Processo Civil:

> Art. 76. Verificada a incapacidade processual ou a irregularidade da representação da parte, o juiz suspenderá o processo e designará prazo razoável para que seja sanado o vício.
>
> § 1º Descumprida a determinação, caso o processo esteja na instância originária:
>
> I – o processo será extinto, se a providência couber ao autor;
>
> II – o réu será considerado revel, se a providência lhe couber;
>
> III – o terceiro será considerado revel ou excluído do processo, dependendo do polo em que se encontre.

Portanto, antes de se deslocar, o representante deverá confirmar com o escritório de advocacia o comparecimento de um advogado designado para acompanhá-lo à audiência e se ele está de posse dos documentos mencionados, de regra, como visto, encaminhados quando do envio do dossiê para a confecção da ação ou defesa.

O representante deverá se certificar, ainda, a respeito do local para o qual foi designado o ato, **cuja chegada deverá ser realizada com antecedência mínima de 30 minutos**. Logo em seguida, deverá se dirigir ao cartório da vara para confirmar as informações acima especificadas, e se apresentar como representante da empresa. Por fim, deverá aguardar atentamente próximo ao local em que o **pregão**, ou seja, a chamada das partes para a audiência será realizada.

Por isso, caso você seja designado como representante, trate de calcular qual será o tempo mínimo necessário para o seu deslocamento da sede da empresa até o local de realização da audiência (Fórum ou Procon) e leve em consideração a provável ocorrência de contratempos (ex: engarrafamentos, acidentes de trânsito etc.).

Nos deslocamentos de grandes distâncias ou com risco de excesso de tráfego, aumente o tempo mínimo em 1 hora para que você consiga superar qualquer eventualidade visando chegar pontualmente ao local designado.

Recomenda-se, ainda, anotar o telefone de contato do cartório da vara judicial ou do PROCON para comunicá-lo sobre um eventual atraso provocado por causa justificada e para solicitar a modificação da ordem da pauta de audiências.

Na eventual constatação da ausência do advogado, o representante deverá, em caráter de urgência, entrar em contato com a sede da empresa ou com o escritório de advocacia para apurar o que ocorreu, solicitando, imediatamente, a **inversão da pauta** quanto à sua audiência ao cartório ou ao conciliador do processo.

A **inversão da pauta** consiste na solicitação oral dirigida ao conciliador ou ao servidor público responsável a fim de que a audiência designada para um determinado horário tenha o seu início postergado e seja substituída pelas audiências posteriormente designadas a fim de possibilitar a chegada do advogado ou do representante em atraso.

É preciso esclarecer que a inversão da pauta é uma faculdade do servidor público, e, não um direito da parte. Por isso, realize o seu deslocamento com bastante antecedência para chegar ao local designado antes do horário de início da audiência a fim de evitar contratempos.

Na **Justiça Trabalhista**, por exemplo, vigora o seguinte entendimento: "**Orientação Jurisprudencial n.º 245. Revelia. Atraso. Audiência.** Inexiste previsão legal tolerando atraso no horário de comparecimento da parte na audiência".

Importante registrar ainda que algumas varas judiciárias ou PROCONs poderão realizar a **audiência por meio eletrônico**, utilizando-se de recursos como **videoconferência** por meio de aplicativos específicos ou de aplicativos comuns disponibilizados para acesso de qualquer pessoa na rede mundial de computadores (ex.: Skype, WhatsApp, Zoom etc.).

Em razão disso, verifique com antecedência se a audiência será realizada da forma tradicional, presencialmente; ou, por meio eletrônico, com o uso de recursos como videoconferência, e se a empresa possui os equipamentos necessários para realizar os procedimentos de conexão, vídeo e áudio exigidos.

3.4 AS AUDIÊNCIAS

"Antes de qualquer coisa, a preparação é a chave do sucesso"
– Alexander Graham Bell (Minimalist, 2023).

As audiências representam um ponto fundamental no que se refere à tentativa do esclarecimento das questões que envolvam o problema jurídico posto na esfera administrativa ou judicial.

A forma de realização das audiências poderá ser diferente de acordo com o tipo de Justiça e com o rito do procedimento judicial adotado. Por isso, torna-se relevante conhecê-los a fim de compreender as suas peculiaridades.

3.4.1 Justiça Estadual e Federal

A **Justiça Estadual** e a **Justiça Federal** fazem parte da denominada **Justiça Comum**. A denominação "comum" está relacionada com a aplicação das leis processuais gerais (Código de Processo Civil), além das leis específicas correlacionadas às suas funções.

A **Justiça Estadual** é responsável por julgar as causas de natureza privada ou pública que não tenham relação com matérias de competência federal ou trabalhista (ex.: contrato de fornecimento de produtos celebrado entre duas empresas privadas ou entre uma empresa privada e um ente estadual).

A **Justiça Federal** é responsável por julgar as causas que envolvam os interesses da União Federal (ex.: contrato de financiamento bancário celebrado com a Caixa Econômica Federal – CEF; relações de natureza previdenciária com o Instituto Nacional da Previdência Social – INSS).

Na **Justiça Comum** (ex.: 1ª Vara Cível de São Paulo), como regra, no rito comum, realiza-se, primeiramente, uma **audiência de conciliação ou mediação**, na qual, geralmente, depois de constatada a não celebração de acordo, são definidos os pontos controvertidos; e, posteriormente, designada uma **audiência de instrução e julgamento**, na qual são ouvidas as partes e as testemunhas, e proferida a sentença. O Código de Processo Civil dispõe sobre a forma de realização desse procedimento nos Arts. 334 e 358-368.

Na Justiça Comum encontram-se ainda os **Juizados Especiais**, órgãos jurisdicionais que funcionam sob o **rito sumaríssimo**, criados para conferir agilidade no julgamento das causas de menor complexidade jurídica e com base no valor máximo da pretensão econômica pretendida.

No **Juizado Especial Cível Estadual**, as causas para serem processadas devem ser de baixa complexidade ou estarem previstas no Art. 3º da Lei Federal n.º 9.099/95 (ex.: ação de despejo para uso próprio etc.) e estarem limitadas ao valor máximo de até 40 salários-mínimos.

No **Juizado Especial da Fazenda Pública Estadual**, as causas para serem processadas devem envolver interesses dos Estados, do Distrito Federal, dos Territórios e dos Municípios, e serem limitadas ao valor de até 60 salários-mínimos (Art. 2º, inciso I, da Lei Federal n.º 12.153/2009).

No **Juizado Especial Cível Federal**, as causas para serem processadas devem estar excluídas do rol previsto no Art. 3º, § 1º, da Lei Federal n.º 10.259/2001 (ex.: ações de desapropriação; execução fiscal; ações sobre bens imóveis da União etc.) e estarem limitadas ao valor máximo de até 60 salários-mínimos.

Nos **Juizados Especiais** (ex.: 1º Juizado Especial Cível do Rio de Janeiro), realiza-se uma **audiência de conciliação, instrução e julgamento**. A Lei dos Juizados Especiais Cíveis e Criminais Estaduais (Lei Federal n.º 9.099/1995) dispõe sobre o modo de realização desse procedimento nos Arts. 21 a 29. Importante esclarecer que as normas do Código de Processo Civil são aplicadas subsidiariamente ao rito dos Juizados Especiais.

Em algumas comarcas tem sido adotada a prática de divisão da audiência una dos Juizados Especiais em duas: a) *uma audiência de conciliação*; e, b) *uma audiência de instrução e julgamento*, com datas e horários diferentes. A defesa da empresa (contestação), em regra, deverá ser apresentada na audiência de instrução e julgamento, momento no qual também será tomado o depoimento do representante. Contudo, verifique no Juizado se há alguma orientação diferente quanto ao momento de entrega da contestação.

Nos **Juizados Especiais Cíveis Estaduais** é **obrigatório o comparecimento de representante credenciado pela empresa** e, nos casos acima de 20 salários-mínimos, de **advogado constituído por meio de procuração para o foro**. O não comparecimento de representante e, nos casos superiores a 20 salários-mínimos, de advogado acompanhando-o, poderá implicar na aplicação da pena de revelia em desfavor da empresa, **sendo vedada a cumulação simultânea de funções** nessa última hipótese (ex.: advogado com a função de preposto) (Enunciado n.º 98 do Fórum Nacional de Juizados Especiais).

Nos **Juizados Especiais Cíveis Federais** a parte não é obrigada a ser assistida por advogado na primeira instância, independentemente do valor da causa. A Lei dos **Juizados Especiais Cíveis Federais** (Art. 10) permite que as partes constituam representantes, os quais poderão ser ou não advogados. Apenas será necessário constituir advogado em grau de recurso ou no caso de processos no âmbito criminal.

Nas ações propostas nos **Juizados Especiais Cíveis Estaduais**, os microempreendedores individuais, as micro e pequenas empresas podem figurar: a) *no polo ativo da ação, como autores* (ex.: ação de cobrança do valor de um contrato inadimplido) (Art. 8º, inciso II, da Lei Federal n.º 9.099/95); ou, b) *no polo passivo da ação, como réus* (ex.: ação de indenização pelo defeito de um produto fornecido a uma pessoa física).

Nas ações propostas nos **Juizados Especiais Cíveis das Fazendas Públicas Estaduais**, os microempreendedores individuais, as micro e pequenas empresas apenas poderão figurar: a) *no polo ativo da ação, como autores* (ex.: ação de declaração de inexistência de débito tributário) (Art. 5º, inciso I, da Lei Federal n.º 12.153/2009), uma vez que o Estado, o Distrito Federal e o Município sempre serão a parte requerida.

Nas ações propostas nos **Juizados Especiais Cíveis Federais**, os microempreendedores individuais, as micro e pequenas empresas também apenas poderão figurar: a) *no polo ativo da ação, como autores* (ex.: cobrança da restituição de um crédito previdenciário recolhido indevidamente) (Art. 6º, inciso I, da Lei Federal n.º 10.259/2001), uma vez que a União Federal sempre será a parte requerida.

No caso da propositura de ação (polo ativo), a condição de micro ou pequena empresa deverá ser provada mediante a apresentação de documento que ateste a sua **qualificação tributária atualizada** e **documento fiscal referente ao negócio jurídico** objeto da demanda (Enunciado n.º 135 do Fórum Nacional de Juizados Especiais – Fonaje), observado, ainda, o teto máximo monetário dos respectivos juizados.

No Juizado Especial Federal, quando protocolarem ação judicial, a microempresa e a empresa de pequeno porte também deverão apresentar documentação comprobatória dessa condição (Enunciado n.º 11 do Fórum Nacional de Juizados Especiais Federais – Fonajef).

Lembrando que é vedada a propositura de ação, por micro ou pequena empresa, na hipótese de cessão de direitos de outras pessoas jurídicas (Art. 74 da LC n.º 123/2006).

No âmbito dos **Juizados Especiais Cíveis Estaduais** vigora, ainda, o entendimento de que a microempresa e a empresa de pequeno porte, **quando autoras**, devem ser representadas, inclusive em audiência, pelo **empresário individual** ou **pelo sócio dirigente** (Enunciado n.º 141 do Fórum Nacional de Juizados Especiais – Fonaje).

Como destacado, nos **Juizados Especiais Federais** permite-se que as partes constituam representantes, advogados ou não, para a prática dos atos processuais (Art. 10 da Lei Federal n.º 10.259/2001).

Todavia, é sempre recomendável que o ajuizamento de uma ação pela empresa seja realizado por meio do assessoramento de advogado ou escritório de advocacia a fim de se evitar qualquer prejuízo jurídico aos seus interesses.

3.4.2 Justiça do Trabalho

A **Justiça do Trabalho** está situada na esfera da **Justiça Especial** que abrange jurisdições específicas como a Eleitoral e a Militar. A denominação "especial" está vinculada à existência de leis processuais específicas para a regulação dos seus ritos processuais que a diferenciam dos ritos comuns.

A **Justiça do Trabalho** é responsável por julgar as causas que envolvam interesses decorrentes de relações trabalhistas (ex.: rescisão de contrato de trabalho celebrado com uma empresa privada).

Na **Justiça Trabalhista**, realiza-se a **Audiência de Julgamento**, na qual todos os atos de conciliação e instrução processual são concentrados em uma única audiência (Art. 849 da CLT). Todavia, na prática, esta audiência também tem sido fracionada em uma **audiência preliminar**, na qual é proposta a conciliação e apresentada a contestação; e, uma **audiência de instrução** ou **de continuação** para a produção das provas orais.

Na **Justiça Trabalhista**, além do **rito comum ou ordinário** (Art. 840 da CLT) há ainda o **rito sumaríssimo**, para as causas que não excedam a **40 salários-mínimos** (Arts. 852-A a 852-I da CLT); e, o **rito sumário**, para as causas não excedentes a **02 salários-mínimos** (Art. 2º da Lei Federal n.º 5.584/1970), cujas audiências de julgamento são unas. Esses ritos possuem dinâmicas processuais próprias que deverão ser previamente consultadas pelo colaborador jurídico a fim de atender aos requisitos neles previstos.

3.4.3 Comparecimento e finalidade

Como destacado, o comparecimento das partes à audiência é considerado obrigatório, uma vez que nela as partes produzirão diversos atos considerados relevantes para o desfecho do processo. A ausência da parte poderá gerar consequências prejudiciais aos seus interesses, como a aplicação da **pena de confissão**, pela qual presumir-se-ão como verdadeiros os fatos alegados pela parte contrária.

Mas, em síntese, quais são os efeitos jurídicos gerados no caso de não comparecimento do autor e do réu à audiência?

Se o autor não comparecer: a) na *audiência de conciliação ou preliminar*, o processo poderá ser arquivado; b) na *audiência de instrução e julgamento*, poderá ser decretada a pena de confissão.

Se o requerido não comparecer: a) na *audiência de conciliação ou preliminar* ou na *audiência de instrução e julgamento*, poderá ser decretada a pena de confissão. Caso ele não tenha apresentado contestação, será aplicada a pena de revelia, além da pena de confissão quanto à matéria de fato (Art. 344 do CPC e Art. 844 da CLT. Confira: Súmulas n.º 09, 74 e 122 do TST).

Como visto acima, no caso do microempreendedor individual, da microempresa ou empresa de pequeno porte, o comparecimento poderá ser feito pelo próprio empresário, pelo sócio-diretor ou pelo preposto designado com poderes de representação da empresa.

Geralmente, em razão do grande volume de atividades desempenhadas por empresários e diretores, um funcionário costuma ser designado para comparecimento à audiência na qualidade de preposto.

A carta de preposição emitida, geralmente, concede poderes para habilitá-lo quanto ao exercício de representação perante um único processo.

Nas audiências, o preposto é o responsável por realizar o depoimento da empresa e de prestar as informações sobre a questão controvertida em juízo.

Por isso, é imprescindível que o colaborador designado para tal atividade esteja profundamente a par de todas as questões do seu negócio e especificamente do problema objeto de discussão entre as partes.

Por exemplo, numa situação de reclamação a respeito do funcionamento de um produto adquirido, deverá o preposto realizar a leitura prévia de um parecer técnico ou, pelo menos, das notas de atendimento presencial, telefônico ou digital lançadas nos sistemas de gerenciamento de informações internos, para que adquira ciência a respeito do entendimento que deverá ser sustentado na audiência.

A consulta a um responsável técnico ou ao gerente do setor pode revelar detalhes importantes para a correta compreensão da causa que provocou o litígio, possibilitando uma melhor exposição da situação da empresa quando da tomada do depoimento pessoal do representante.

Nesta situação, caso a reclamação seja improcedente, juntamente com o advogado que realizará a defesa, o preposto deverá construir, previamente, uma estratégia que possibilite a apresentação do posicionamento da empresa, afastando consequentemente e, por completo, o pedido do autor. Para maiores detalhamentos a respeito da importância do depoimento, veja o **Subitem 4.6 – "A Verdade, Nada Mais do que a Verdade"**.

No momento do depoimento pessoal do representante, **a omissão** ou **o emprego de evasivas injustificadas** a respeito de informações consideradas necessárias pelo Juiz para a solução da controvérsia podem ser sancionadas com a aplicação da **pena de confissão ficta**, prevista nos Arts. 385, § 1º, e 386, do Código de Processo Civil. Isto é, os fatos sobre os quais o depoente não respondeu elucidativamente podem ser interpretados em desfavor da empresa.

Dependendo da natureza da controvérsia e das provas existentes nos autos, os advogados do autor e do réu poderão: 1) **dispensar o depoimento pessoal da partes**, por entenderem-se satisfeitos com as provas já produzidas nos autos processuais, neste caso o representante não precisará dar nenhuma declaração formal; ou, 2) **requerer que elas sejam ouvidas**, iniciando-se a série de perguntas, realizadas pelos advogados e pelo Juiz, que deverão ser respondidas pelas partes para a solução da controvérsia.

Após a tomada dos depoimentos pessoais das partes e, inclusive, das testemunhas porventura convocadas, o preposto deverá **ler com atenção a ata na qual eles forem transcritos**, geralmente, na própria ata de audiência, a fim de confirmar se o seu conteúdo condiz fielmente com o que foi por ele declarado e com o que aconteceu no ato judicial, antes de assiná-la.

Caso você encontre algum erro ou incongruência, comunique imediatamente ao advogado para que ele solicite ao Juiz a sua correção. Somente após o erro ter sido devidamente sanado ou o protesto para a sua correção restar consignado por escrito, assine a ata. Preste bastante atenção em todas as etapas da audiência, pois você poderá detectar alguma desconformidade que poderá ser corrigida antes do seu encerramento. Caso ela ocorra, comunique imediatamente ao seu advogado (Art. 7º, incisos X e XI, do Estatuto da OAB).

A não apresentação da questão no momento da sua ocorrência, por meio do **protesto oral** ou **por escrito** na ata de audiência, poderá provocar a perda da oportunidade processual de impugná-la, gerando prejuízo aos interesses da empresa. É a chamada preclusão processual.

Por fim, o preposto sempre deverá trazer uma **cópia da ata de audiência assinada pelo Juiz e pelas partes**, pois o documento servirá para comprovar que o colaborador esteve presente ao ato e tomou ciência a respeito de todos os aspectos nela abordados, apresentando-a, para fins de arquivamento e, se for o caso, para ciência da diretoria.

Na ata de uma audiência de conciliação ou de mediação poderá constar, por exemplo, a data e o horário da audiência de instrução e julgamento, a respeito da qual **o representante da empresa será dado por intimado**, tornando-se importante inseri-la, imediatamente, na "**Agenda de Audiências**", ou até mesmo, um prazo para que o advogado cumpra uma atividade judicial, o qual também deverá ser inserido na "**Agenda de Prazos**", para cobrança do escritório (ex.: data de leitura da sentença e interposição de recurso).

Atualmente, grande parte das varas judiciárias e dos Procons que adotam processos eletrônicos, realizam o lançamento instantâneo da ata de audiência nos respectivos andamentos processuais acessíveis pela Internet, facilitando o arquivamento digital da **ata eletrônica** com a mesma validade da via impressa para fins jurídicos.

Por isso, caso não seja disponibilizada a via impressa, logo após a audiência, trate de acessar imediatamente a ata eletrônica e de baixar o seu conteúdo integral para o seu computador portátil ou celular, a fim de guardá-la para o lançamento no sistema de controle processual eletrônico da empresa.

Caso ela não seja lançada em registro digital, logo após a audiência, solicite ao Juiz ou servidor responsável a **transmissão do arquivo por outro meio eletrônico instantâneo** (ex.: WhatsApp ou e-mail) ou, até mesmo, a **retirada de foto**, a fim de registrar o seu conteúdo e de arquivá-la para fins de controle do ato processual realizado.

Em último caso, solicite a emissão de uma certidão de comparecimento ao ato processual realizado para comprovar a sua presença em juízo.

Esta será a sua prova de comparecimento à audiência e a melhor forma de realizar o controle de informações lançadas na ata de audiência, como a fixação de calendário para a abertura de prazos processuais.

3.5 O REEMBOLSO DAS DESPESAS DOS ESCRITÓRIOS ADVOCATÍCIOS

Os advogados eventualmente realizam despesas de natureza administrativa ou judicial, dentre elas, podem ser citadas, por exemplo, sem, contudo, esgotá-las, as cópias de processos, custas de processos, preparo de recursos, quilometragem percorrida, hospedagem etc.

Todas essas despesas, desde que devidamente comprovadas e se de acordo com o contrato de prestação de serviços advocatícios e/ou com as normas internas, poderão ser reembolsadas.

Para tanto, a empresa deverá constituir uma **reserva financeira** especialmente voltada para cobrir as despesas com escritórios de advocacia abrangendo tanto as **despesas fixas** quanto as **despesas eventuais** que poderão surgir em relação aos processos administrativos ou judiciais.

Sugere-se a criação de um **sistema de controle específico para os pagamentos** a serem realizados para cada processo administrativo ou judicial. Além disso deverá ser exigida a apresentação das respectivas notas fiscais ou guias de depósitos judiciais das despesas realizadas.

Desta forma, o responsável poderá aferir se os pagamentos postulados pelo colaborador foram ou não realizados e se eles possuem pertinência com relação aos trabalhos já realizados (ex.: conferência do número do processo, valor da cópia e total cobrado, data de realização da diligência, distância percorrida entre cidades etc.).

Como será visto no **Item 8 – "Os Sistemas Eletrônicos de Controle Processual"**, o controle de pagamentos poderá ser realizado, por exemplo, por um **sistema de gestão jurídica integrado**, com o lançamento do número do processo, natureza da despesa, datas, valores, conta bancária etc.

3.6 AS INSTRUÇÕES NORMATIVAS

Algumas empresas possuem **códigos com normas internas**, também denominadas de **instruções normativas**, voltadas para regular os procedimentos a serem adotados pelos seus departamentos e colaboradores.

No caso de empresas que possuam uma estrutura organizacional com atividades especializadas a serem desenvolvidas, a **uniformização de procedimentos** é uma ferramenta útil para evitar a prática de condutas em desconformidade com os seus interesses

A partir do conhecimento das normas internas, os funcionários terão padrões de referência previamente aprovados para a execução das atividades cotidianas que possibilitarão extrair o melhor rendimento do trabalho e, ainda, diminuir a probabilidade da ocorrência de condutas danosas à empresa.

Muitas empresas usam as instruções normativas para também estabelecerem os **princípios**, a **missão** e os **valores** a serem alcançados e que nortearão as condutas dos colaboradores de forma ética, leal e diligente.

Nas normas internas do Departamento Jurídico, podem ser encontrados itens a respeito do procedimento de **contratação de advogado e de escritório de advocacia, pagamento de serviços prestados**, hipóteses de assessoria jurídica a clientes que contratem serviços especiais, dentre outros.

Os **anexos** constantes das normas internas também podem ser importantes fontes para o conhecimento dos **modelos de ofícios e de cartas** a serem utilizados para a comunicação entre colaboradores internos e externos.

Recomenda-se a contratação de uma consultoria jurídica especializada para o desenvolvimento de normas que possam regular de maneira eficiente e padronizada as ações dos colaboradores do Departamento Jurídico.

4
UM POUCO DE DIREITO NÃO FAZ MAL A NINGUÉM

"*Conhecimento é poder*"
– Francis Bacon (Scientia, 2013).

Neste capítulo serão apresentadas as principais noções a respeito dos agentes do processo judicial, dos comunicados de natureza jurídica e dos órgãos que compõem o Poder Judiciário, a fim de possibilitar uma gestão jurídica adequada de micro e pequenas empresas.

Os assuntos relacionados à prática de atos processuais serão apresentados com foco nas normas do **Código de Processo Civil**, em razão da sua relevância e da sua aplicação subsidiária a outros ramos jurídicos.

4.1 OS PROTAGONISTAS DO PROCESSO JUDICIAL

O domínio da base teórica é imprescindível para que as atividades jurídicas possam ser realizadas adequadamente.

Por isso, optamos por incluir neste manual algumas considerações a respeito dos principais conceitos teóricos que poderão ser exigidos do responsável pela gestão dos serviços do Departamento Jurídico.

No âmbito judicial, encontram-se os protagonistas responsáveis por provocar o andamento adequado do processo. Dentre os principais, podemos citar: *o autor, o réu, o juiz, o advogado e o promotor de justiça*. Além deles, participam ainda como auxiliares: *o oficial de justiça* e *o perito*.

Passaremos a analisar, sinteticamente, a função de cada um desses agentes no processo judicial.

O **Autor**, também denominado de requerente, é o responsável pelo ajuizamento da ação, ou seja, a partir do protocolo da petição inicial, o processo passa a existir, tramitar e gerar os seus efeitos jurídicos.

O **Juiz**, também denominado de magistrado, é o segundo agente do processo. Ao ingressar na Justiça, o autor dirige o seu pedido ao Juiz, este, por sua vez, analisa se a petição inicial atende aos requisitos exigidos por lei e estando corretamente elaborada, manda citar o réu para apresentar sua defesa.

O **Réu**, também denominado de requerido, é o último dos três principais agentes do processo. O réu representa a parte em face da qual a ação judicial é proposta e cabe a ele responder ao pedido do autor, manifestando sua concordância ou resistência aos termos fáticos e jurídicos apresentados bem como aos pedidos formulados na petição inicial.

Os agentes que passaremos a analisar a seguir também são importantes para o bom desenrolar do processo, uma vez que a lei exige a participação destes profissionais em todo o processo ou em algumas de suas fases processuais.

O **Advogado** é o profissional habilitado a redigir o pedido do autor, por meio de petição inicial, ou, a defesa do réu, por meio de contestação. De acordo com o Estatuto da Advocacia, **somente o advogado pode exercer a representação do cidadão em juízo** no que se refere à elaboração das manifestações escritas na primeira instância ou nas instâncias recursais e ao assessoramento da empresa nas audiências.

O autor que tentar ingressar em juízo com um pedido sem o acompanhamento de advogado terá sua petição devolvida pelo juiz, ressalvados os casos dos Juizados Especiais, e da Justiça do Trabalho, nos quais a petição da própria parte, sem acompanhamento de advogado, é admitida nas hipóteses expressamente previstas em lei.

O requerido, por sua vez, também deverá ser assessorado por advogado. Caso assim não o faça, terá a sua resposta desconsiderada e poderá sofrer implicações prejudiciais para a defesa dos seus interesses no processo.

O **Promotor de Justiça** é o fiscal da lei. Nos processos em que as empresas figuram, geralmente, a participação desse profissional não é requisitada, pois grande parte destas ações está baseada em direitos privados e disponíveis, normalmente postulados por pessoas capazes.

A participação do Promotor de Justiça normalmente acontece em processos criminais ou nos processos cíveis e trabalhistas quando há interesses metaindividuais em disputa (direitos difusos e coletivos – ex.: meio ambiente, consumidor, falência ou categoria profissional) e quando há interesse de menores ou curatelados (ex.: incapazes).

O **Oficial de Justiça**, também denominado de Analista de Cumprimento de Mandados, é um dos auxiliares do Poder Judiciário. Cabe a ele realizar a citação, a intimação, a penhora e o arresto das pessoas e bens envolvidos na causa proposta pelo requerente.

O Oficial de Justiça costuma visitar a empresa para a efetivação desses comunicados expedidos por meio de ordem judicial, por isso, o papel dele é cumprir as ordens provenientes do juiz responsável pelo processo. Na prática forense, o comunicado com o conteúdo da ordem expedida pelo juiz é denominado de **mandado judicial**.

Importante destacar que um comunicado de natureza judicial sempre deverá ser cumprido por um Oficial de Justiça, servidor especificamente investido e dotado de fé-pública para tal finalidade.

A fim de se certificar que a pessoa de posse do mandado judicial realmente é um Oficial de Justiça, você poderá solicitar a apresentação da identificação funcional concedida pelo Tribunal ao qual ele esteja vinculado e, inclusive, contatar a vara de origem da expedição do mandado.

O **Perito Judicial** é um profissional com especialidade em alguma área científica (ex: contador, médico, programador, engenheiro etc.), designado pelo juiz da vara, na qual tramita o processo, para redigir um parecer técnico a respeito do ponto de controvérsia que motivou a propositura de uma ação (ex: avaliar a causa do defeito de um produto; avaliar se a prestação paga foi calculada de acordo com o que previa o contrato).

As partes poderão contratar peritos particulares para assessorá-las, denominados de **assistentes técnicos**, os quais formularão questões e apresentarão manifestações, concordando ou impugnando o laudo apresentado pelo perito judicial.

Por fim, é interessante esclarecer que o Advogado, o Juiz e o Promotor de Justiça são profissionais situados em estruturas organizacionais e com finalidades distintas, ou seja, não possuem hierarquia entre eles, devendo todos dispensarem entre si tratamento respeitoso e condizente com as suas respectivas atividades.

Em síntese, todos os profissionais mencionados exercem atividades essenciais para o exercício da Justiça, cada um deles, com funções específicas e complementares para o cumprimento da lei e para fins de realização das providências de natureza judicial.

4.2 OS COMUNICADOS JURÍDICOS

No **Subitem 3.5 – "A Melhor Forma de Encaminhamento das Informações"**, vimos como os comunicados provenientes do Poder Judiciário e dos Procons devem ser encaminhados ao advogado ou ao escritório externo.

Importa agora, neste item, conhecer quais são os principais tipos de comunicados utilizados para cientificar as partes sobre a existência de conflitos jurídicos e analisar o método que deve ser utilizado no recebimento desses documentos pelas micro e pequenas empresas.

> Em primeiro lugar, toda documentação de natureza jurídica recebida pela empresa, seja por meio físico ou digital, deverá ser protocolada no momento do seu recebimento.

Tal exigência se justifica, pois a data lançada no documento, físico ou digital, servirá para uma referência precisa do **dia** e **horário** no qual a comunicação jurídica entrou na empresa e para que o gestor de serviços legais possa iniciar a contagem do prazo para a tomada das medidas cabíveis (ex.: apresentar contestação no prazo de 15 dias; baixar uma restrição cadastral lançada em nome de um devedor no prazo de 48 horas etc.).

No âmbito jurídico, costumeiramente, antes da adoção do processo eletrônico, o meio mais utilizado para a comunicação de disputas relacionadas a aspectos legais, tanto no âmbito extrajudicial quanto no judicial, sempre ocorreu pela formalização por **carta**, cuja entrega é realizada pela **via postal**, mediante aviso de recebimento.

Por sua vez, as **publicações oficiais** dos Tribunais, em sua grande parte, sempre ocorreram por meio de **publicação** no **Diário Oficial da Justiça** ou no **Diário Oficial da União**, por via impressa, em papel.

Atualmente, em razão da ampla utilização dos **meios digitais** e dos **processos judiciais eletrônicos (PJe)**, as comunicações jurídicas, antes predominantemente firmadas por meio de carta ou publicação impressas, têm sido substituídas pelos **meios de comunicação eletrônica**.

Dessa forma, grande parte do volume de comunicações judiciais, atualmente, está sendo emitida diretamente em meios digitais e a sua consulta disponibilizada por meio dos **sítios eletrônicos** dos Tribunais, ou **publicadas nos respectivos Diários Eletrônicos**, com o objetivo de automatizar as atividades de cumprimento de mandados judiciais, reduzir custos e aumentar a celeridade processual.

Em que pese a gradativa modificação dos meios utilizados, as espécies de documentos jurídicos permanecem as mesmas, em seu conteúdo e em sua finalidade processual, para fins de comunicação das partes.

Dentre as principais formas de comunicação utilizadas no meio jurídico podem ser citadas: a *notificação extrajudicial, a notificação judicial, a citação judicial* e *a intimação judicial.*

4.2.1 Notificações

A **notificação extrajudicial** é o meio pelo qual o requerente realiza o pedido de tomada de providências dirigido ao requerido, fora do âmbito judicial (ex.: realizar a complementação de um determinado serviço; realizar a substituição de um produto defeituoso etc.).

O objetivo da notificação também é o de comunicar que a via judicial será adotada caso as providências postuladas não venham a ser atendidas. Nesta forma de comunicado, o prazo de resposta poderá ser livremente estipulado pelo seu autor, salvo se houver alguma previsão legal específica. Apenas recomenda-se que o prazo fixado seja suficiente para que a medida postulada possa ser atendida pela outra parte.

Caso seja interesse da parte, ela também poderá expedir **notificação judicial** com o objetivo de conferir maior formalidade ao comunicado dirigido à parte contrária (Art. 726 do CPC).

Na **Justiça Trabalhista**, os comunicados judiciais são emitidos sob o título simples de **notificação** para veicular tanto as citações quanto as intimações judiciais, e possuem particularidades jurídicas próprias que devem ser analisadas no âmbito do processo do trabalho.

A **notificação administrativa** é o meio de comunicação utilizado por órgãos públicos, como os Procons e autoridades de trânsito, para cientificar a empresa a respeito da instauração de procedimentos administrativos com vistas à aplicação de penalidades pelo descumprimento da legislação em vigor.

Trata-se do meio de comunicação normalmente utilizado por órgãos públicos situados fora da estrutura do Poder Judiciário.

4.2.2 Citação judicial

A **citação judicial**, por sua vez, é a primeira comunicação emitida por ordem do Juiz, caso a petição inicial esteja redigida conforme os requisitos processuais exigidos por lei.

De acordo com o Código de Processo Civil, a "citação é o ato pelo qual são convocados o réu, o executado ou o interessado para integrar a relação processual" (Art. 238).

A citação do réu é considerada um ato indispensável para a validade do processo. Além disso, ela deverá ser realizada pessoalmente. Contudo, a lei permite que ela também seja feita na pessoa do **representante legal** ou **procurador**, como é o caso das pessoas jurídicas (Arts. 239 e 242).

Neste ponto, entende-se relevante destacar que a **citação e a intimação por sítios eletrônicos** poderão ser realizadas por dois sistemas processuais digitais distintos.

O primeiro, consiste no **Domicílio Judicial Eletrônico**, um sistema geral unificado, administrado pelo CNJ, que interliga todos os demais sistemas do Poder Judiciário em âmbito nacional, previsto nos Arts. 231, IX, e 246, do CPC, e na Resolução CNJ n.º 455/2022.

E, o segundo, trata dos **Portais Eletrônicos**, sistemas autônomos cujo funcionamento é estruturado de forma específica por cada Tribunal, previstos nos Arts. 5º e 9º da Lei do Processo Eletrônico e no Art. 231, inciso V, do CPC, como será visto a seguir.

a) Citação por Domicílio Judicial Eletrônico

Em razão da adoção dos sistemas processuais digitais, a **citação deverá ser feita, preferencialmente, por meio eletrônico**, fazendo-se uso dos endereços eletrônicos registrados no banco de dados do Poder Judiciário, conforme regulamento do Conselho Nacional de Justiça – CNJ (Art. 246).

Assim, o CPC estabelece que a **citação por meio eletrônico deverá ser a principal forma de citação do réu**. Para tanto, as empresas são obrigadas a manter cadastro nos sistemas de processo em autos eletrônicos, para efeitos de recebimento de citações e intimações.

Por endereços eletrônicos devem ser compreendidos todos os meios que permitam o envio e o recebimento de comunicados digitais como o *correio-eletrônico, aplicativos de mensagens, perfis em redes sociais*, e o *Domicílio Judicial Eletrônico* (Art. 2º, inciso III, da Res. CNJ n.º 455/2022).

O **Domicílio Judicial Eletrônico** consiste no ambiente digital integrado ao Portal de Serviços do Poder Judiciário, administrado pelo CNJ, para a realização de comunicação processual (Art. 15 da Res. CNJ n.º 455/2022).

Cada empresa deverá indicar um ou mais endereços eletrônicos, o nome dos responsáveis e os telefones de contato por meio dos quais receberá os comunicados emitidos pelo Poder Judiciário.

Por sua vez, os órgãos judiciários enviarão as **orientações a serem observadas** e o **código identificador** que permitirá a confirmação do recebimento do comunicado na página eletrônica do Poder Judiciário.

As micro e pequenas empresas que possuírem endereço eletrônico cadastrado no sistema integrado da **Rede Nacional para a Simplificação do Registro e da Legalização de Empresas e Negócios – Redesim** estão dispensadas de providenciar o cadastro nos sistemas de processo em autos eletrônicos em razão do compartilhamento de dados.

Todavia, com o intuito de evitar qualquer problema, o CNJ recomenda a realização do cadastramento como forma de garantir a conformidade do recebimento dos comunicados, mantendo-se atualizados os dados da empresa nos respectivos bancos de dados dos sistemas judiciários.

Atualmente, o cadastro nacional unificado do domicílio judicial eletrônico encontra-se em fase de implantação pelo CNJ. Paralelo a esse projeto, parte dos tribunais já possui cadastro próprio para a realização da citação eletrônica nos seus limites jurisdicionais por meio dos **Portais Eletrônicos**, conforme previsão da Lei do Processo Eletrônico. Por isso, consulte se os tribunais situados nos estados de atividade da sua empresa já possuem esses sistemas.

Prosseguindo com o rito da citação pelo **Domicílio Judicial Eletrônico**, as empresas deverão verificar, diariamente, nos endereços eletrônicos indicados, o recebimento dos comunicados enviados pelos órgãos judiciais, **uma vez que compete ao réu confirmar, pelo sistema utilizado, o recebimento da citação eletrônica, em até 3 dias úteis, contados do seu recebimento**, conforme as orientações do órgão judicial emissor.

Caso não seja feita a confirmação, o órgão judiciário deverá providenciar a realização da citação: a) *pelo correio*; b) *por oficial de justiça*; c) *pelo escrivão ou chefe de secretaria* (se o citando comparecer em cartório); ou, d) *por edital*.

Considerando a preferência pela utilização da citação eletrônica, o réu tem **o dever de apresentar justificativa** para a ausência de confirmação do seu recebimento. Ele deverá apresentá-la na primeira oportunidade de falar nos autos, após a citação pelos meios analógicos acima mencionados.

A não confirmação do recebimento da citação eletrônica dentro do prazo legal, desprovida de justificativa fundamentada, consiste em **ato atentatório à dignidade da Justiça**, passível de multa de até 5% sobre o valor da causa.

Por isso, muita atenção no controle do recebimento dos comunicados judiciais por meios eletrônicos, em razão da possibilidade de aplicação de sanções processuais e financeiras!

Importante ainda registrar que **as partes deverão manter os seus endereços físicos e eletrônicos constantemente atualizados** nos autos dos processos judiciais e nos cadastros dos sistemas eletrônicos.

Caso não o façam, os comunicados judiciais serão enviados para os endereços antigos e presumir-se-ão válidos para todos os efeitos jurídicos, o que pode ocasionar prejuízo aos interesses da empresa em razão da perda de oportunidade de manifestação processual (Art. 77, inciso V, do CPC).

Em continuidade, transcrevemos à frente o que a lei entende ser a **citação pela via postal** e a **citação por oficial de justiça**, e como elas deverão ser realizadas, alternativamente, no caso de frustração ou impossibilidade da citação eletrônica:

> Art. 248. Deferida a **citação pelo correio**, o escrivão ou o chefe de secretaria remeterá ao citando cópias da petição inicial e do despacho do juiz e comunicará o prazo para resposta, o endereço do juízo e o respectivo cartório.
>
> § 1º A carta será registrada para entrega ao citando, exigindo-lhe o carteiro, ao fazer a entrega, que assine o recibo.
>
> § 2º Sendo o citando pessoa jurídica, será válida a entrega do mandado a pessoa com poderes de gerência geral ou de administração ou, ainda, a funcionário responsável pelo recebimento de correspondências.
>
> § 3º Da carta de citação no processo de conhecimento constarão os requisitos do art. 250.
>
> § 4º Nos condomínios edilícios ou nos loteamentos com controle de acesso, será válida a entrega do mandado a funcionário da portaria responsável pelo recebimento de correspondência, que, entretanto, poderá recusar o recebimento, se declarar, por escrito, sob as penas da lei, que o destinatário da correspondência está ausente.
>
> Art. 249. A **citação será feita por meio de oficial de justiça** nas hipóteses previstas neste Código ou em lei, ou quando frustrada a citação pelo correio.
>
> Art. 250. O mandado que o oficial de justiça tiver de cumprir conterá:
>
> I – os nomes do autor e do citando e seus respectivos domicílios ou residências;
>
> II – a finalidade da citação, com todas as especificações constantes da petição inicial, bem como a menção do prazo para contestar, sob pena de revelia, ou para embargar a execução;
>
> III – a aplicação de sanção para o caso de descumprimento da ordem, se houver;
>
> IV – se for o caso, a intimação do citando para comparecer, acompanhado de advogado ou de defensor público, à audiência de conciliação ou de mediação, com a menção do dia, da hora e do lugar do comparecimento;
>
> V – a cópia da petição inicial, do despacho ou da decisão que deferir tutela provisória;
>
> VI – a assinatura do escrivão ou do chefe de secretaria e a declaração de que o subscreve por ordem do juiz.
>
> Art. 251. Incumbe ao oficial de justiça procurar o citando e, onde o encontrar, citá-lo:
>
> I – lendo-lhe o mandado e entregando-lhe a contrafé;
>
> II – portando por fé se recebeu ou recusou a contrafé;
>
> III – obtendo a nota de ciente ou certificando que o citando não a apôs no mandado.

A citação ainda poderá ser feita **por hora certa** ou **por edital**, caso o oficial de justiça não encontre o citando no local indicado no mandado de citação, conforme previsto no Código de Processo Civil (Arts. 252 e 256).

Portanto, como visto, preferencialmente, a citação deverá ser realizada por meio eletrônico. Caso não seja possível realizá-la por meio do **Domicílio Judicial Eletrônico**, ou, sendo possível, mas não houver confirmação do seu recebimento, será providenciada a citação pelos meios tradicionais.

Após a citação válida, o processo prosseguirá normalmente, informando-se o prazo para que o réu possa se manifestar a respeito da petição inicial. E, inclusive, comparecer à audiência de conciliação ou de mediação designada.

b) Citação por Portal Eletrônico

Além do Domicílio Judicial Eletrônico, a citação também poderá ser feita por meio do **Portal Eletrônico** do Tribunal que mantenha esse tipo de sistema para o trâmite de processos judiciais.

Como mencionado, a citação por **Portal Eletrônico** está submetida às regras da Lei do Processo Eletrônico (Art. 5º) e do Tribunal mantenedor do sistema processual digital.

Logo, deve observância a um rito próprio que determina o modo como a citação deverá ser feita e como a forma de contagem do seu prazo processual deverá ser computada.

Diferentemente do sistema do Domicílio Judicial Eletrônico, que faz o envio de um comunicado citatório para o endereço-eletrônico cadastrado, no Portal Eletrônico, **a parte tem a obrigação de acessar, diariamente, por si mesma, o ambiente processual digital** para verificar o recebimento de algum comunicado judicial.

A **citação por Portal Eletrônico** será considerada realizada **a partir do dia em que a parte efetivar a consulta eletrônica ao teor da citação** no ambiente digital processual. Esse ambiente consiste em um painel eletrônico de acesso privado que mostrará ao usuário todas as citações e intimações enviadas pelos órgãos judiciários.

A consulta deverá ser feita **em até 10 dias corridos contados da data da disponibilização do comunicado no portal**, sob pena de considerar-se a citação realizada na data do término desse prazo. Neste caso, como destacado, a contagem do prazo terá início **a partir do dia útil seguinte à consulta ao teor da citação, ou ao término do prazo de 10 dias corridos.**

Apresentados, em síntese, os dois sistemas pelos quais a citação eletrônica poderá ser realizada, pergunta-se: quais são as principais diferenças entre a citação por Domicílio Judicial Eletrônico e por Portal Eletrônico?

No **Domicílio Judicial Eletrônico**, o sistema envia para o endereço-eletrônico da parte um comunicado citatório pelo qual ela deverá acessar o sistema digital para confirmação do seu recebimento e para o acesso à citação. Por isso, caso não seja feita a confirmação, dentro do prazo previsto, proceder-se-á à **citação pelos meios tradicionais**.

Na citação por **Portal Eletrônico**, a parte tem a obrigação de acessar, diariamente, o ambiente digital no qual possua cadastro para verificar, por si mesma, o recebimento de uma citação. Neste sistema, **presume-se que a leitura da citação foi feita após expirado o prazo de 10 dias da disponibilização no ambiente digital**. O prazo transcorrerá, automaticamente, mesmo que ela não o tenha acessado. Por isso, não haverá citação pelos meios tradicionais (Bueno, 2022).

4.2.3 Intimação judicial

A **intimação judicial**, por sua vez, geralmente, é emitida quando o processo já teve início, isto é, quando a parte já tem conhecimento a respeito da sua existência e é convocada para ter ciência a respeito de um novo ato praticado pela parte contrária ou para praticar um ato especificamente determinado pelo Juiz.

A intimação judicial também será realizada, preferencialmente, **por meio eletrônico**, com o envio de comunicado pelo **Domicílio Judicial Eletrônico**, pelo **Portal Eletrônico** ou publicação no **Diário da Justiça Eletrônico (DJe)**.

No caso da **intimação** realizada pelo **Domicílio Judicial Eletrônico** e pelo **Portal Eletrônico**, caso a parte não acesse o comunicado judicial em até 10 (dez) dias corridos do seu envio pelo sistema, ela será considerada automaticamente realizada na data do término desse prazo (Art. 20, § 4º, da Resolução CNJ n.º 455/2022 e Art. 5º, § 3º, da Lei do Processo Eletrônico).

Na intimação eletrônica não haverá hipótese de intimação tradicional pela falta de confirmação eletrônica do seu recebimento, uma vez que as partes já estão vinculadas ao respectivo processo eletrônico tendo a obrigação de acompanhar os comunicados judiciais disponibilizados no seu painel digital.

Ressalvados os casos urgentes em que a intimação por meio eletrônico possa causar prejuízo a quaisquer das partes ou quando evidenciada qualquer tentativa de fraude ao sistema (Art. 5º, § 5º, da Lei do Processo Eletrônico).

Assim define o Código de Processo Civil o que é a **intimação judicial** e quais são os seus efeitos jurídicos:

> Art. 269. **Intimação** é o ato pelo qual se dá ciência a alguém dos atos e dos termos do processo.
> Art. 270. As intimações realizam-se, sempre que possível, por meio eletrônico, na forma da lei.

Art. 273. Se inviável a intimação por meio eletrônico e não houver na localidade publicação em órgão oficial, incumbirá ao escrivão ou chefe de secretaria intimar de todos os atos do processo os advogados das partes:

I – pessoalmente, se tiverem domicílio na sede do juízo;

II – por carta registrada, com aviso de recebimento, quando forem domiciliados fora do juízo.

Art. 274. Não dispondo a lei de outro modo, as intimações serão feitas às partes, aos seus representantes legais, aos advogados e aos demais sujeitos do processo pelo correio ou, se presentes em cartório, diretamente pelo escrivão ou chefe de secretaria.

Parágrafo único. Presumem-se válidas as intimações dirigidas ao endereço constante dos autos, ainda que não recebidas pessoalmente pelo interessado, se a modificação temporária ou definitiva não tiver sido devidamente comunicada ao juízo, fluindo os prazos a partir da juntada aos autos do comprovante de entrega da correspondência no primitivo endereço.

Art. 275. A intimação será feita por oficial de justiça quando frustrada a realização por meio eletrônico ou pelo correio.

Por vezes, poderá ser expedido um **mandado de citação e de intimação judicial** conjunto, a fim de cientificar o réu a respeito da abertura de um processo judicial em face dele e, simultaneamente, da emissão de uma ordem judicial, normalmente, liminar, que ele deverá cumprir dentro do prazo determinado pelo Juiz, sob pena de multa ou outra sanção.

A decisão judicial liminar é a proferida pelo Juiz no início do processo judicial, antes mesmo de que o réu tenha apresentado sua defesa, quando constatado o preenchimento dos requisitos legais que evidenciam a sua necessidade e que lhe permitam antecipar a concessão da decisão final de mérito ou, de modo cautelar, preservar o bem em litígio, a fim de que o processo não perca a sua utilidade.

Trata-se das denominadas **tutelas de urgência e de evidência** criadas com o intuito de proteger os direitos que manifestamente tenham a aparência de procedentes ou que possam ser prejudicados em razão do longo trâmite processual.

Após a apresentação dos tipos de comunicados judiciais e os meios pelos quais eles podem ser realizados, torna-se relevante conhecer como os prazos a eles vinculados serão contados para a verificação da tempestividade das manifestações das partes no âmbito processual.

4.3 A CONTAGEM DOS PRAZOS PROCESSUAIS

A contagem dos prazos processuais observa um método específico que leva em consideração a **fixação do seu momento de início** e a **forma como o lapso temporal previsto deverá ser computado**.

Relevante esclarecer que a **data de início do prazo** não se confunde com a **data de início da sua contagem**. Elas possuem funções específicas no âmbito do processo civil.

A data de início do prazo marca o dia a partir do qual a parte tomou ciência a respeito do comunicado judicial. A data de início da contagem se refere ao dia a partir do qual o prazo será efetivamente contado e dentro do qual ele deverá ser cumprido, sob pena de preclusão.

A contagem de prazos no âmbito do processo civil pode dar-se **por meio de minutos, horas, dias, meses e anos**. Como regra geral, a forma de contagem dos **prazos em dias** levará em consideração apenas os **dias úteis** enquanto os demais prazos serão contados de forma contínua.

A forma de contagem das unidades de tempo deve observar as normas previstas em lei (ex.: *prazos em horas*, deverão ser considerados de minuto a minuto; *prazos em meses e anos*, término no dia de igual número do de início, ou no imediato, se faltar a exata correspondência – Art. 132 do Código Civil).

No caso de intimações para o cumprimento de **prazos em minutos**, a sua contagem deverá ser iniciada **a partir do momento fixado** para o início do seu cumprimento (ex.: alegações finais orais de 20 minutos para cada parte, cuja contagem se iniciará a partir do momento em que o Juiz der a palavra ao advogado do autor ou do réu, em audiência – Art. 364 do CPC).

No caso de intimações que estabeleçam prazos de cumprimento em **horas**, a contagem do prazo deve ser realizada **a partir do horário em que realizado o ato de intimação** (ex.: intimação em cartório, intimação em audiência etc.) ou **a partir do dia útil seguinte ao da publicação** ou **da juntada do mandado de intimação** nos autos do processo judicial.

Nos **prazos em dias**, como mencionado, a contagem considerará apenas os **dias úteis**, desconsiderando para fins de contagem os dias não úteis, os feriados e os dias de recesso da Justiça (Art. 219 do CPC).

Nos prazos em **meses** e **anos**, a contagem considerará todos os **dias corridos** (ex.: decisão que fixa a suspensão do processo pelo prazo de 2 meses, início da contagem em 01/02 e término em 01/04).

Geralmente, a **data de início** do prazo está vinculada ao meio pelo qual o ato de citação ou de intimação judicial é realizado. Daí, a importância do registro da **data** e do **horário** da efetivação do comunicado jurídico.

Dentre os principais, o Código de Processo Civil (Art. 231) prevê que o **dia do começo do prazo** será fixado de acordo com as regras abaixo sistematizadas, salvo disposição em sentido contrário:

REGRAS GERAIS DE INÍCIO DOS PRAZOS (ART. 231 DO CPC)	
ATO DE COMUNICAÇÃO	INÍCIO DO PRAZO
citação realizada por meio eletrônico (Domicílio Judicial Eletrônico)	5º dia útil seguinte à confirmação de recebimento, na forma prevista na mensagem de citação
citação ou intimação eletrônica (Portal Eletrônico) intimação eletrônica (Domicílio Judicial Eletrônico)	o dia útil seguinte à consulta ao teor da citação ou da intimação, ou, ao término do prazo de 10 dias para a realização da consulta
intimação pelo Diário da Justiça impresso ou eletrônico	data da publicação
citação ou intimação pelo correio	data de juntada aos autos do aviso de recebimento
citação ou intimação por oficial de justiça	data de juntada aos autos do mandado cumprido
por ato do escrivão ou do chefe de secretaria	data em que a citação ou a intimação for realizada
citação ou intimação por edital	dia útil seguinte ao fim do prazo assinado pelo juiz
intimação por meio da retirada dos autos, em carga, do cartório ou da secretaria	dia da carga
quando o ato tiver de ser praticado diretamente pela parte ou por quem, de qualquer forma, participe do processo, sem a intermediação de representante judicial	da data em que se der a comunicação

Outro ponto de destaque se refere à **contestação**. O CPC (Art. 335) prevê que se considera **como termo inicial do prazo para contestar:**

REGRAS DO INÍCIO DO PRAZO DA CONTESTAÇÃO (ART. 335 DO CPC)	
ATO JUDICIAL	INÍCIO DO PRAZO
quando qualquer parte não comparecer ou, comparecendo, não houver autocomposição	da audiência de conciliação ou de mediação, ou da última sessão de conciliação
quando ambas as partes manifestarem, expressamente, o desinteresse na composição consensual	do protocolo do pedido de cancelamento da audiência de conciliação ou de mediação apresentado pelo réu
quando existir mais de um réu	da data de apresentação do respectivo pedido de cancelamento da audiência, para cada um deles
quando havendo mais de um réu, o autor desistir da ação em relação ao ainda não citado	da data de intimação da decisão que homologar o pedido de desistência
nos demais casos	de acordo com o modo como for feita a citação (por meio eletrônico, correio, oficial de justiça etc. – Art. 231)

Nos *procedimentos de tutela antecipada* e de *tutela cautelar em caráter antecedente*, o termo inicial do prazo de contestação também observará as mesmas regras (Art. 303, III, e 308, § 4º, do CPC).

Além das regras gerais sobre o início dos prazos processuais e das regras sobre o termo inicial do prazo de contestação, o CPC (Art. 224) prevê ainda as seguintes **regras complementares** que deverão ser aplicadas conjuntamente com as regras acima mencionadas, salvo disposição diversa:

REGRAS COMPLEMENTARES DE CONTAGEM DE PRAZO (ART. 224 DO CPC)
FORMA DE CONTAGEM
os prazos em geral serão contados excluindo o dia do começo e incluindo o dia do vencimento
a contagem apenas terá início no primeiro dia útil que seguir ao da publicação
na intimação veiculada em meio eletrônico, considera-se como data de publicação o primeiro dia útil seguinte ao da disponibilização da informação no Diário da Justiça eletrônico
se os dias do começo e do vencimento do prazo coincidirem com dia em que o expediente forense for encerrado antes ou iniciado depois da hora normal ou houver indisponibilidade da comunicação eletrônica, os dias do começo e do vencimento do prazo serão adiados para o primeiro dia útil seguinte

Diante do exposto, conclui-se que o meio da efetivação do comunicado judicial e a forma de contagem do prazo poderão influenciar, para mais ou para menos, o tempo calculado para a elaboração da defesa ou da manifestação da empresa. Sem falar, ainda, na existência de divergências a respeito da forma de contagem dos prazos no âmbito doutrinário e jurisprudencial.

A forma de contagem é habitualmente feita pelo profissional do Direito, contudo, por uma questão de precaução, optamos por instruir o leitor leigo, profissional de outras áreas, a realizar a **contagem de uma forma mais conservadora**, ou seja, **a partir da efetivação, do recebimento** ou da **data de publicação do comunicado**.

No **âmbito judicial**, importante registrar, ainda, que o Poder Judiciário possui um **recesso anual**. No período com início no dia 20 de dezembro e término no dia 20 de janeiro, **os prazos judiciais são**, **automaticamente**, **suspensos**, voltando a contar a partir do primeiro dia útil subsequente, ressalvados os casos expressamente previstos em lei ou determinados pelo Juiz (Art. 220 do CPC).

No caso de notificações originadas de **órgãos de defesa do consumidor** e **de outros entes vinculados ao Poder Executivo**, a contagem de prazo costuma ocorrer **a partir do recebimento do comunicado administrativo**, o que também justifica a opção pela adoção de um sistema de contagem de prazos mais conservador para o controle interno do Departamento Jurídico.

Na **Justiça do Trabalho**, os prazos contam-se a partir da **data em que a notificação for feita pessoalmente** ou **recebida pela via postal**, ou em que o **edital de citação for publicado ou afixado** na sede da Vara do Trabalho (Art. 774 da CLT).

De acordo com a **Súmula n.º 16 do TST**, a notificação pelos correios **presume-se recebida depois de 48 horas da sua postagem (marco inicial presumido do prazo)**. Logo, competirá ao destinatário provar o seu não recebimento ou a entrega após o decurso desse prazo para fins de contagem.

No mais, aplicam-se, **subsidiariamente, as regras de contagem de prazo previstas no CPC** aos comunicados da Justiça do Trabalho, naquilo que não conflitarem com as regras específicas da legislação trabalhista, inclusive, sobre **a contagem de prazo dos comunicados eletrônicos**.

Por tudo isso, atenção em relação às ordens provenientes da Justiça, uma vez que elas devem ser cumpridas nos exatos termos em que dispostas, desde que observem o que a lei determina.

Importante destacar, ainda, que os comunicados de natureza jurídica (notificações, citações e intimações) também poderão ser realizados por meio de **telefone**, por meio de **mensagens de aplicativos eletrônicos** (ex.: WhatsApp) ou **perfis de redes sociais** (ex.: Instagram, Twitter, Facebook), conforme previsto nas normas dos respectivos Tribunais de Justiça ou órgãos públicos.

No âmbito dos Juizados Especiais Cíveis vigora o entendimento de que as intimações poderão ser realizadas por qualquer **meio idôneo de comunicação** (Art. 19 da LJE).

Portanto, os Juizados Especiais Cíveis poderão utilizar qualquer meio confiável de comunicação como **via postal, por ofício, telefone, aplicativos de mensagens eletrônicas** etc. Nesse sentido, cita-se o **Enunciado 33 do Fonaje** a respeito da desnecessidade de expedição de Carta Precatória a fim de possibilitar maior economia e maior celeridade processual.

Portanto, deverão ser adotados procedimentos internos visando instruir os colaboradores responsáveis pelo atendimento de ligações telefônicas ou pelo recebimento de mensagens eletrônicas, por meio de aplicativos ou redes sociais, a fim de que elas sejam imediatamente transmitidas para o colaborador responsável pelo registro de comunicados jurídicos.

Por sua vez, o colaborador responsável pelo Departamento Jurídico deverá ter uma atenção ainda maior no registro dos comunicados recebidos por telefone ou por meio eletrônico na planilha de controle físico ou digital dos processos da empresa.

Tendo em vista que por vezes não haverá registro físico ou em papel, todos os dados deverão ser devidamente anotados a fim de que não seja perdida nenhuma informação relativa ao processo objeto de comunicação telefônica ou eletrônica.

Principalmente, no caso da abertura de prazos processuais e do comparecimento em audiências, com a identificação do local, dia e hora.

Torna-se válido esclarecer que as **intimações judiciais** também costumam ser realizadas por meio de publicação no **Diário da Justiça Eletrônico (DJe)**, com a identificação da vara ou órgão emitente, o número do processo, o nome das partes e o nome dos advogados, com o intuito de facilitar a comunicação e economizar recursos do Poder Judiciário.

O monitoramento das publicações judiciais é uma atividade de responsabilidade do advogado ou do escritório de advocacia contratado para o acompanhamento do processo administrativo ou judicial, normalmente, realizado por meio de empresas terceirizadas especializadas na leitura automatizada de Diários de Justiça Eletrônicos.

Todavia, caso a empresa possua um grande volume de processos, nada impede que ela também contrate esses serviços especializados com o intuito de receber diretamente o resultado das pesquisas e se certificar a respeito das publicações envolvendo os processos do seu interesse.

Além disso, recomenda-se ao colaborador do Departamento Jurídico cadastrar o seu contato eletrônico nos **sistemas de envio automatizado de informações processuais** dos respectivos Tribunais de Justiça nos quais estejam tramitando os processos de interesse da empresa a fim de receber os comunicados de andamentos processuais logo que eles sejam lançados pelos tribunais (**sistemas *push***).

Recomenda-se, ainda, que o colaborador responsável pelo Departamento Jurídico consulte o andamento dos processos dos quais a empresa seja parte periodicamente (ex.: semanalmente ou a cada quinze dias), a fim de se antecipar à necessidade de uma eventual providência jurídica, antes mesmo do recebimento do comunicado administrativo ou judicial.

4.4 NÃO HÁ PRAZO QUE RETORNE

O andamento do processo observa um procedimento previamente estipulado pela respectiva lei processual aplicável com o intuito de informar às partes quais deverão ser as etapas cumpridas até a sua fase final.

Apesar do longo trâmite das ações na Justiça, sabemos que o processo não pode durar indefinidamente e os atos que constituem a sua formação são realizados dentro de prazos determinados pela lei processual.

A Constituição Federal, inclusive, garante a todos, no âmbito judicial e administrativo, a **razoável duração do processo** e os **meios que garantam a celeridade de sua tramitação** (Art. 5º, LXXVIII).

Os atos processuais praticados posteriormente ao prazo fixado em lei ou fixado pelo juiz serão considerados **ineficazes** e **não produzirão efeitos jurídicos** em razão da sua incompatibilidade temporal, lógica ou consumativa com o curso regular do processo.

Por isso, o colaborador responsável pela gestão de documentos jurídicos deverá dedicar total atenção em relação ao lançamento da data e do horário de recebimento dos comunicados administrativos e judiciais a fim de evitar a perda dos prazos processuais.

Recomenda-se o uso de um carimbo padronizado da empresa (físico ou digital) com os campos de data e horário e de assinatura para preenchimento quando do recebimento do comunicado oficial.

Além de registrar a data e o horário de recebimento, o gestor deverá realizar o acompanhamento da contagem do prazo para fins de cumprimento da medida judicial a ser praticada.

Para tanto, ele poderá utilizar a **"Lista de Prazos Cíveis e Trabalhistas – Anexo E"** para a identificação do lapso temporal dos prazos que não constem das atas de audiências ou dos mandados judiciais. E ele também deverá consultar diariamente a **"Planilha de Controle de Prazos – Anexo D"** com o intuito de confirmar quais prazos ainda se encontram em aberto e quais já foram cumpridos.

Além disso, recomenda-se a utilização de um **sistema eletrônico de controle de prazos processuais**, como o disponibilizado por sistemas eletrônicos de gestão processual, que enviarão alertas pré-programados, via sistema, correio-eletrônico e mensagens pelo aparelho celular com o objetivo de auxiliar no cumprimento pontual dos prazos.

Por isso, sempre adote formas múltiplas de controle de prazos processuais, por **meios físicos e eletrônicos independentes**, visando garantir a sua preservação adequada (ex: agenda em papel, agenda do celular, sistema eletrônico de gestão processual etc.).

A perda de um prazo poderá inviabilizar a prática de um ato processual ou provocar a perda da ação e até causar a aplicação de multa por descumprimento de uma decisão judicial, o que ocasionará prejuízos jurídicos e econômicos para os interesses da empresa.

4.5 ESPÉCIES DE PROCESSOS

No plano processual, também se considera importante identificar o tipo de processo ao qual se refere a ação judicial recebida. Em geral, a doutrina jurídica afirma que os principais processos são os seguintes: *processo de conhecimento*, *processo de execução* e *processo de urgência*.

O **processo de conhecimento** tem por finalidade obter o julgamento do mérito do litígio. Neste processo realiza-se uma análise judicial aprofundada, pois dentro dele realizam-se a produção de diversas provas, a tomada dos depoimentos pessoais das partes litigantes e outras diligências necessárias para a solução da causa, como, por exemplo, a realização de provas periciais.

O **processo de execução** é utilizado para a materialização de um direito já reconhecido por um **título judicial** (sentença proferida em um processo judicial) ou por um **título extrajudicial** (ex.: nota promissória, cheque, letra de câmbio etc.). Neste processo as providências judiciais concentram-se na satisfação do direito estampado no título, uma vez que já há elementos de certeza, liquidez e exigibilidade que revelam a solidez da pretensão postulada pelo exequente.

Por fim, o **processo de urgência** (em caráter antecedente ou cautelar) é utilizado para preservar um determinado bem protegido por um direito, na iminência do seu perecimento, ou para evitar que um risco possa prejudicar o resultado útil do processo principal. Trata-se de um processo que visa proteger, provisoriamente, o objeto dos processos de conhecimento e de execução.

4.6 A VERDADE NADA MAIS DO QUE A VERDADE

Ao longo do transcurso do processo, as partes terão a tarefa de requerer a produção de provas para convencerem o Juiz a respeito da procedência das suas alegações e da improcedência dos argumentos da parte contrária.

Dentre elas, podem ser citadas as **provas documentais**, as **periciais** e as **provas orais**, estas últimas, abrangendo o **depoimento pessoal das partes** e a **oitiva de testemunhas**.

Todas as provas são relevantes para a formação da convicção do julgador. Algumas, mais do que as outras, dependendo da natureza da ação protocolada. Diante da apresentação de fatos divergentes, a produção da prova oral poderá ser considerada fundamental para a solução de uma controvérsia ou apresentar um caráter complementar face ao conjunto probatório já existente nos autos do processo.

Neste ponto, relevante destacar a produção da prova oral, considerando a importância do depoimento pessoal do representante da empresa para a elucidação dos fatos discutidos em juízo.

Geralmente, a prova oral adquire relevância para que o Juiz possa avaliar, pessoalmente, a coerência e a veracidade dos fatos alegados pelas partes, por meio da realização de perguntas-chaves a elas dirigidas.

O **depoimento pessoal**, normalmente, acontece no decorrer da audiência de instrução e julgamento. Nela, o juiz interroga as partes a respeito dos fatos da causa, conforme as seguintes prescrições normativas do Código de Processo Civil:

> Art. 361. As provas orais serão produzidas em audiência, ouvindo-se nesta ordem, preferencialmente:
>
> I – o perito e os assistentes técnicos, que responderão aos quesitos de esclarecimentos requeridos no prazo e na forma do art. 477, caso não respondidos anteriormente por escrito;
>
> II – o autor e, em seguida, o réu, que prestarão depoimentos pessoais;
>
> III – as testemunhas arroladas pelo autor e pelo réu, que serão inquiridas.
>
> Parágrafo único. Enquanto depuserem o perito, os assistentes técnicos, as partes e as testemunhas, não poderão os advogados e o Ministério Público intervir ou apartear, sem licença do juiz.
>
> Art. 385. Cabe à parte requerer o depoimento pessoal da outra parte, a fim de que esta seja interrogada na audiência de instrução e julgamento, sem prejuízo do poder do juiz de ordená-lo de ofício.
>
> § 1º Se a parte, pessoalmente intimada para prestar depoimento pessoal e advertida da pena de confesso, não comparecer ou, comparecendo, se recusar a depor, o juiz aplicar-lhe-á a pena [de confissão].
>
> § 2º É vedado a quem ainda não depôs assistir ao interrogatório da outra parte.
>
> § 3º O depoimento pessoal da parte que residir em comarca, seção ou subseção judiciária diversa daquela onde tramita o processo poderá ser colhido por meio de videoconferência ou outro recurso tecnológico de transmissão de sons e imagens em tempo real, o que poderá ocorrer, inclusive, durante a realização da audiência de instrução e julgamento.
>
> Art. 386. Quando a parte, sem motivo justificado, deixar de responder ao que lhe for perguntado ou empregar evasivas, o juiz, apreciando as demais circunstâncias e os elementos de prova, declarará, na sentença, se houve recusa de depor.
>
> Art. 387. A parte responderá pessoalmente sobre os fatos articulados, não podendo servir-se de escritos anteriormente preparados, permitindo-lhe o juiz, todavia, a consulta a notas breves, desde que objetivem completar esclarecimentos.
>
> Art. 388. A parte não é obrigada a depor sobre fatos:
>
> I – criminosos ou torpes que lhe forem imputados;
>
> II – a cujo respeito, por estado ou profissão, deva guardar sigilo;

Art. 389. Há confissão, judicial ou extrajudicial, quando a parte admite a verdade de fato contrário ao seu interesse e favorável ao do adversário.

Art. 391. A confissão judicial faz prova contra o confitente, não prejudicando, todavia, os litisconsortes.

Mas quando ocorre a intimação para a tomada do depoimento pessoal? Bem, ela pode ocorrer por meio de intimação eletrônica ou tradicional, ou no final da audiência de conciliação.

Ao final da audiência de conciliação poderão ser definidos os pontos controvertidos e os meios de prova que as partes pretendem produzir, momento no qual poderá ser realizada a intimação do autor e do réu para que se façam presentes na audiência de instrução e julgamento, a fim de que prestem depoimento pessoal.

Por isso, o preposto que comparecer à audiência de conciliação representando a empresa deverá ficar atento para uma eventual intimação. Se ocorrer a designação da data de qualquer espécie de audiência, nunca se esqueça de anotá-la, pois provavelmente a empresa não será novamente intimada. Assim diz a seção referente à fase de saneamento do processo:

Art. 357. Não ocorrendo nenhuma das hipóteses deste Capítulo, deverá o juiz, em decisão de saneamento e de organização do processo:

I – resolver as questões processuais pendentes, se houver;

II – delimitar as questões de fato sobre as quais recairá a atividade probatória, especificando os meios de prova admitidos;

III – definir a distribuição do ônus da prova, observado o art. 373 [requisitos];

IV – delimitar as questões de direito relevantes para a decisão do mérito;

V – designar, se necessário, audiência de instrução e julgamento.

O não cumprimento da ordem judicial poderá implicar a aplicação da **pena de revelia** e da **pena de confissão**. Isto significa que o juiz poderá considerar a ausência da parte intimada como uma confirmação dos fatos alegados pela outra em seu desfavor.

A ausência então poderá causar um prejuízo para a parte que não atendeu à determinação judicial, pois ela será privada de sustentar as suas alegações perante o Juiz.

As partes litigantes têm ainda a obrigação de observar os **preceitos de boa-fé** e de **veracidade das suas declarações**, por força do que prescreve o Código de Processo Civil:

Art. 77. Além de outros previstos neste Código, são deveres das partes, de seus procuradores e de todos aqueles que de qualquer forma participem do processo:

I – expor os fatos em juízo conforme a verdade;

II – não formular pretensão ou de apresentar defesa quando cientes de que são destituídas de fundamento;

III – não produzir provas e não praticar atos inúteis ou desnecessários à declaração ou à defesa do direito;

IV – cumprir com exatidão as decisões jurisdicionais, de natureza provisória ou final, e não criar embaraços à sua efetivação;

V – declinar, no primeiro momento que lhes couber falar nos autos, o endereço residencial ou profissional onde receberão intimações, atualizando essa informação sempre que ocorrer qualquer modificação temporária ou definitiva;

VI – não praticar inovação ilegal no estado de fato de bem ou direito litigioso.

§ 1º Nas hipóteses dos incisos IV e VI, o juiz advertirá qualquer das pessoas mencionadas no caput de que sua conduta poderá ser punida como ato atentatório à dignidade da justiça.

§ 2º A violação ao disposto nos incisos IV e VI constitui ato atentatório à dignidade da justiça, devendo o juiz, sem prejuízo das sanções criminais, civis e processuais cabíveis, aplicar ao responsável multa de até vinte por cento do valor da causa, de acordo com a gravidade da conduta. [...]

§ 5º Quando o valor da causa for irrisório ou inestimável, a multa prevista no § 2º poderá ser fixada em até 10 (dez) vezes o valor do salário-mínimo.

Em determinados conflitos, constata-se que as partes poderão divergir a respeito de como os fatos aconteceram, da responsabilidade de cada uma delas e das consequências geradas no âmbito das suas esferas jurídicas.

Por isso, saiba que no momento da tomada do depoimento pessoal você poderá oferecer a sua versão sobre a verdade, isto quer dizer que nem sempre ela será compatível com a oferecida pelo autor.

Neste caso, certamente, elas serão conflitantes. Daí, preste bastante atenção às perguntas elaboradas por conciliadores, advogados ou juízes, pois quase sempre é elaborada uma questão primordial para a solução do processo e a sua resposta será o único meio de afastar qualquer possibilidade de alegação que possa prejudicar a empresa.

Importante explicar que o depoimento pessoal do representante legal da empresa **não se submete ao juramento prescrito no Art. 458 do Código de Processo Civil**.

O juramento apenas é aplicado para os casos de **depoimento de testemunha**, ou seja, de uma terceira pessoa alheia ao litígio e que tenha presenciado os fatos sobre os quais se instaurou a controvérsia.

Por isso, a testemunha é obrigada a prestar o **compromisso de dizer a verdade** do que souber e lhe for perguntado pelo juiz, sob pena de incorrer em sanção penal se restar comprovado que fez afirmação falsa, calou-se ou ocultou a verdade.

Isto não quer dizer que às partes seja admitido mentir em Juízo. Pelo contrário, com o intuito de inibir tal prática, aplica-se a **pena de litigância de má-fé** a todos aqueles que em juízo, de alguma forma, apresentem argumentos infundados, almejem obter vantagem indevida ou criem óbice ao exercício da jurisdição (Arts. 79 a 81 do Código de Processo Civil).

Na **Justiça Trabalhista**, a responsabilidade por **litigância de má-fé** está prevista nos Arts. 793-A a 793-D da CLT.

4.7 O QUE É UMA COMARCA?

A Constituição Federal de 1988 atribuiu aos entes federativos, dentro da sua estrutura singular, a capacidade de organizarem o funcionamento das atividades jurisdicionais exercidas pelo Poder Judiciário (Arts. 92 a 100 e 125 a 126).

No **Tribunal de Justiça** encontra-se a estrutura na qual está situada a cúpula do Poder Judiciário dos estados e do Distrito Federal. No TJ, os julgamentos são feitos pelos Desembargadores reunidos em órgãos colegiados (ex: Câmaras, Seções, Tribunal Pleno ou Órgão Especial), conforme as competências originárias ou recursais previstas em seu **regimento interno** e na **legislação processual**.

As **comarcas**, por sua vez, representam as áreas geográficas ou territoriais dentro das quais se encontram situadas as representações jurisdicionais, de regra, constituídas de uma ou mais varas, genéricas ou especializadas, formadas por um ou mais Juízes de Direito titulares, substitutos ou adjuntos e os respectivos serventuários da Justiça (ex.: escrivão, escrevente, chefe de secretaria etc.). Em muitas comarcas são construídos os **fóruns**, edifícios responsáveis por agrupar em um mesmo espaço as varas judiciais com vistas a facilitar os serviços judiciais.

Como regra, cada juiz titular se torna responsável por uma **vara judicial**. Nas varas estão dispostos os cartórios, nos quais os processos ficam arquivados sob a responsabilidade de uma equipe coordenada por um analista judiciário (escrivão ou chefe de secretaria). Ao juiz competirá receber as petições protocoladas em sua comarca, determinar o seu cadastramento sob a forma de processos judiciais e, após a devida instrução processual, julgá-los. Das decisões e sentenças proferidas em primeira instância cabe recurso ao **Tribunal de Justiça** ou ao **Colegiado Recursal dos Juizados Especiais Cíveis e Criminais**, para julgamento em segundo grau de jurisdição.

Além dos Tribunais de Justiça dos Estados e do Distrito Federal, funcionam, ainda, com competências jurisdicionais específicas, os Tribunais Regionais Federais e os Tribunais Regionais do Trabalho.

O **Tribunal Regional Federal – TRF** e o **Tribunal Regional do Trabalho – TRT** são os órgãos de maior hierarquia nas regiões nas quais instalados, respectivamente, na estrutura da **Justiça Federal** e na estrutura da **Justiça do Trabalho**, com organizações administrativas próprias e competências diferenciadas da Justiça Estadual.

Para um maior conhecimento, consulte o **regimento interno** dos respectivos tribunais estaduais, federais e do trabalho.

A estrutura de organização da **Justiça Federal** abrange: 1) as **Seções Judiciárias**, com sedes nas respectivas capitais dos estados e no Distrito Federal, e as **Subseções Judiciárias**, com sede nas principais cidades de cada Estado, com competência para julgamento em primeiro grau de jurisdição; e, 2) os **Tribunais Regionais Federais** (TRFs), com competência originária e para o julgamento em segundo grau de jurisdição dos processos em trâmite em cada região do País. Há, ainda, as **Turmas Recursais**, órgãos colegiados responsáveis por julgar em segunda instância os recursos das decisões **dos Juizados Especiais Federais** (similar aos Colegiados Recursais dos Juizados Especiais Estaduais).

A estrutura de organização da **Justiça do Trabalho** abrange: 1) as **Varas do Trabalho**, com competência para julgamento em primeira instância dos processos em trâmite conforme a sua jurisdição; 2) os **Tribunais Regionais do Trabalho** (TRTs), com competência originária e para o julgamento em segunda instância dos processos em trâmite nos seus respectivos limites jurisdicionais; e, 3) o **Tribunal Superior do Trabalho (TST)**, com sede em Brasília e instância jurisdicional de cúpula da Justiça Trabalhista em nível nacional.

Portanto, cada Justiça (Estadual, Federal e do Trabalho) editará as normas que estabelecerão como o serviço judicial deverá ser prestado nos seus limites jurisdicionais, com vistas a facilitar a organização das suas atividades e o acesso dos jurisdicionados.

5
A GESTÃO DOS CONFLITOS JURÍDICOS

> "As grandes conquistas da humanidade foram obtidas conversando, e as grandes falhas pela falta de diálogo"
>
> – Stephen Hawking (The Guardian, 2022).

Uma das principais atribuições do Departamento Jurídico está na gestão dos efeitos provocados pelos conflitos que originam os processos administrativos e judiciais da empresa.

A gestão dos processos litigiosos deve ser pautada pela consolidação dos princípios e valores internos da empresa assim como pela análise crítica do custo-benefício das ações judiciais no curto, médio e longo prazos.

A opção pela propositura de uma ação judicial em face de um fornecedor ou a resposta a uma provável ação judicial movida por um colaborador pode implicar a **quebra de uma boa relação profissional** construída ao longo do tempo e na perda de um ativo valioso para o desenvolvimento das atividades, por vezes, insubstituível e capaz de causar o **colapso do sistema produtivo empresarial**.

A resposta apresentada com vistas a resistir aos termos de uma ação judicial, por sua vez, também pode desencadear repercussão negativa perante investidores e consumidores que considerem como indevida uma determinada prática de gestão que tenha provocado o litígio posto em juízo.

Isto porque, de regra, as ações tramitam em repartições públicas, cujas **decisões são publicadas em jornais e diários de grande circulação**, com reprodução e amplo acesso social na rede mundial de computadores, como forma de imprimir efetividade ao **princípio da publicidade** das decisões e dos atos judiciais (Art. 5º, inciso LX e Art. 93, inciso IX, da Constituição Federal).

Ressalvam-se os casos que preencham os requisitos de sigilo legal que deverão ser apreciados em cada caso e cuja concessão deverá ser expressamente deferida pelo Juiz da causa (Art. 189 do CPC).

O ônus de responder a uma ação judicial pode implicar, ainda, a necessidade de **imobilização de ativo** com vistas a garantir o pagamento de uma eventual indenização pleiteada, por ato derivado de uma ordem do Juiz responsável pela direção do processo instaurado (ex: decisão de antecipação dos efeitos da tutela de mérito visando garantir o cumprimento do pedido de condenação formulado).

Nos casos de processos que estejam em fase de execução, as empresas poderão apresentar garantias judiciais, por exemplo, como uma **carta de fiança bancária** ou um **seguro garantia judicial**, a fim de reduzirem os efeitos decorrentes da imobilização do seu patrimônio, até uma decisão definitiva a respeito da lide.

Além disso, a constrição de bens componentes do ativo de uma empresa pode causar a **redução do poder de competitividade** e da **capacidade de captação de investimentos** perante o mercado financeiro, causando o atraso ou até mesmo a suspensão da implantação de novos projetos.

> Contudo, em determinadas situações de grave prejuízo aos valores da empresa e dos preceitos constantes da legislação em vigor, a melhor opção é a de encerramento das relações comerciais e a busca de uma nova relação negocial que vise suprir as suas necessidades.

Como via alternativa à resolução de litígios pela via judicial comum, a Lei das Micro e Pequenas Empresas prevê que:

> Art. 75. As microempresas e empresas de pequeno porte deverão ser estimuladas a utilizar os institutos de conciliação prévia, mediação e arbitragem para solução dos seus conflitos.
>
> § 1º Serão reconhecidos de pleno direito os acordos celebrados no âmbito das comissões de conciliação prévia.
>
> § 2º O estímulo a que se refere o caput deste artigo compreenderá campanhas de divulgação, serviços de esclarecimento e tratamento diferenciado, simplificado e favorecido no tocante aos custos administrativos e honorários cobrados.
>
> Art. 75-A. Para fazer face às demandas originárias do estímulo previsto nos arts. 74 e 75 desta Lei Complementar, entidades privadas, públicas, inclusive o Poder Judiciário, poderão firmar parcerias entre si, objetivando a instalação ou utilização de ambientes propícios para a realização dos procedimentos inerentes a busca da solução de conflitos.

Da leitura dos dispositivos acima transcritos, conclui-se que a intenção do legislador foi de a incentivar as micro e pequenas empresas a adotarem os **mecanismos de solução alternativa de conflitos**, considerados meios mais simples e mais ágeis para solucionar eventuais impasses jurídicos.

O Código de Processo Civil (Art. 3º) também prevê que o Estado deverá promover, sempre que possível, a solução consensual de conflitos, por meio do estímulo à conciliação, à mediação e à adoção de outros métodos, permitindo-se, ainda, o uso da arbitragem.

A **conciliação** consiste em um procedimento conduzido pelo conciliador com o objetivo de estimular as partes a alcançarem uma solução consensual para o conflito (Art. 165, § 2º, do CPC).

A conciliação pode ser realizada no âmbito privado ou judicial e diferencia-se da **mediação**, porque o conciliador costuma ter um papel mais ativo na apresentação de soluções para que as partes celebrem um acordo.

A **mediação** (Lei Federal n.º 13.140/2015) também tem como objetivo, por meio da atuação do mediador, fazer com que as partes alcancem de maneira autônoma uma solução consensual para o conflito.

A mediação também pode ser realizada no âmbito privado ou judicial e o mediador tem a função de estimular as partes, por meio da conscientização dos benefícios de um acordo, a buscarem por si próprias a melhor solução para pôr fim ao conflito (Art. 165, § 3º, do CPC).

A adoção da **arbitragem** também tem sido positivamente estimulada para dirimir conflitos relativos a direitos patrimoniais disponíveis (Lei Federal n.º 9.307/96). Ela se dá mediante o prévio estabelecimento de regras de direito escolhidas pelas partes, cujo julgamento será atribuído a um ou mais membros componentes de um tribunal privado, à parte do Poder Judiciário, com ganho de sigilo, tecnicidade nas decisões, redução de custos e de tempo para a solução do conflito entre empresas.

A opção pela adoção da arbitragem privada pode ocorrer antes do surgimento do conflito, por meio da **convenção de arbitragem ou cláusula compromissória**; ou depois do surgimento do conflito, por meio do **compromisso arbitral**.

Como forma de reduzir a repercussão da opção pela instauração do litígio, sugere-se a inserção, nos contratos que venham a ser firmados com fornecedores e colaboradores, de uma **cláusula compromissória**, para que os futuros impasses sejam levados à apreciação de um tribunal privado, e de uma **cláusula de sigilo**. Assim, eliminar-se-á o acesso a dados privados que porventura venham a ser utilizados indevidamente por terceiros com vistas a prejudicar o nome e conceito da empresa.

Entretanto, antes da adoção do procedimento arbitral, as partes deverão analisar os custos financeiros para a contratação de um árbitro ou tribunal arbitral designado para solucionar a controvérsia e qual delas deverá arcar com o respectivo pagamento das custas, despesas e honorários processuais.

A adoção da arbitragem como mecanismo de solução de controvérsia alternativa ao Poder Judiciário deverá ser precedida ainda da escolha de uma instituição arbitral conceituada a fim de se assegurar o melhor emprego da técnica jurídica no julgamento do impasse surgido entre contratantes.

A qualquer tempo, a melhor dentre todas as opções, caso o litígio possa ser administrado sem que isso cause abalo aos princípios e valores da empresa, é a **solução amigável**.

A **solução amigável** visa demover ambas as partes de suas posições, compatibilizando os interesses em jogo e reduzindo o espectro da vinculação a um processo judicial que pode levar anos para um desenlace, muitas vezes, desfavorável para as partes envolvidas.

Daí, a importância de se estabelecer uma análise interdisciplinar entre as diversas áreas da empresa visando à construção de uma decisão a respeito da relação custo-benefício no que toca à propositura ou o ônus de responder a um procedimento judicial ou arbitral, sem que isso implique em prejuízo para o desenvolvimento das suas atividades.

6
O *COMPLIANCE* E A AUDITORIA

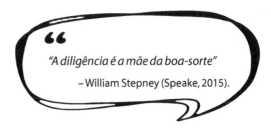

"*A diligência é a mãe da boa-sorte*"
– William Stepney (Speake, 2015).

As atividades desempenhadas pelo colaborador responsável pelo Departamento Jurídico também são diretamente influenciadas pela **prática de atos em conformidade com as normas legais (*compliance*)** e estão sujeitas aos **procedimentos de auditoria**.

O responsável pelo Departamento Jurídico deverá cumprir fielmente **as normas internas e as normas legais** que vinculam o desenvolvimento das atividades da empresa.

Nesse sentido, destaca-se a importância de se conhecer o conteúdo de todas as normas internas e das principais normas que regulam o desenvolvimento da atividade-fim da empresa na qual atue, com o objetivo de verificar se elas estão de acordo com o que estabelece a legislação em vigor.

O descumprimento de uma norma interna ou de uma norma legal poderá gerar a aplicação de sanções pela prática em desconformidade com o que estabelece a legislação reguladora (Banks, 2023).

As micro e pequenas empresas consistem no ambiente ideal para que as práticas de conformidade legal sejam implantadas desde o início das suas atividades com o objetivo de moldar a integridade das condutas praticadas pelos seus colaboradores internos e a forma como os negócios serão desenvolvidos pelos seus sócios e administradores.

Uma micro ou pequena empresa que conserve um forte pilar de integridade legal desde o início das suas atividades terá muito mais chances de se consolidar no futuro como uma empresa eticamente admirada pelos seus clientes e pelo mercado no qual atue.

Além disso, a adoção de mecanismos de conformidade legal contribuirá para a seleção de colaboradores mais alinhados com padrões éticos e para a criação de mecanismos de segurança que visem reduzir a prática de atos de corrupção ou desvio de finalidade interna nas relações firmadas com terceiros.

Nesse contexto, entende-se importante a contratação de uma assessoria jurídica especializada a fim de que possa ser feito um diagnóstico detalhado das principais atividades com o potencial de geração de um risco legal com vistas à construção de mecanismos eficientes visando adequar as práticas desenvolvidas pela empresa.

O responsável pelo Departamento Jurídico poderá ser ainda solicitado a realizar **procedimentos de auditoria** e de **diligência prévia (*due diligence*)** nos limites estritos da sua respectiva qualificação e competência profissional.

Dentre eles, podem ser mencionados o levantamento de documentos, informações e registros constantes de procedimentos já realizados ou de dados inicialmente apresentados por terceiros para fins de fechamento de operações comerciais pela empresa (Bing, 1996).

Como exemplo, podem ser citadas as operações de venda, fusão, cisão ou incorporação de empresas em negócios societários que demandam o levantamento e a análise de dados a fim de conferir segurança jurídica para as partes envolvidas, operações estas comumente vistas nas aquisições de *Startup's*.

As atividades desempenhadas pelo colaborador jurídico também poderão ser submetidas a auditorias realizadas por outros colaboradores internos devidamente qualificados ou por consultorias jurídicas externas especializadas na avaliação da conformidade dos relatórios de acompanhamento processual realizados.

Portanto, certifique-se de que as suas condutas se encontram de acordo com as normas da organização e com as normas legais aplicáveis ao desenvolvimento das atividades desenvolvidas com vistas a mantê-las íntegras.

Na dúvida, sempre busque consultar um advogado ou escritório de advocacia que possa esclarecer os aspectos relacionados ao caso concreto visando conferir maior segurança jurídica para as práticas desenvolvidas.

7
OS SISTEMAS ELETRÔNICOS DE CONTROLE PROCESSUAL

> "A transformação tecnológica está expandindo os limites das possibilidades das empresas com maior rapidez do que a capacidade dos gerentes para explorar oportunidades"
>
> – Michael Porter (2014).

Atualmente, os procedimentos de gestão empresarial são realizados por meio de sistemas de informação (*softwares*) dotados de mecanismos de armazenamento e de processamento de dados eletrônicos.

No âmbito dos Departamentos Jurídicos, os sistemas de informação eletrônicos passaram a constituir ferramentas úteis para o controle e o acompanhamento de processos administrativos e judiciais, fornecendo ao seu usuário dados importantes para o aprimoramento da atividade empresarial.

Tais instrumentos são concebidos por meio de aplicativos de informática desenvolvidos especificamente para a utilização em um determinado contexto organizacional, cujas opções de customização possibilitam o acesso a informações relevantes a respeito de um processo, com rapidez e riqueza de detalhes.

As empresas prestadoras de serviços especializados costumam disponibilizar uma vasta gama de informações aos seus usuários.

Um dos recursos mais difundidos tem sido a digitalização e o arquivamento de processos judiciais em mídia digital, cuja consulta pode dar-se por meio de acesso direto em um terminal instalado na empresa (Intranet) ou, até mesmo, pela rede mundial de computadores (Internet), em uma viagem de negócios ou na comodidade da residência do usuário, sem a necessidade de manipulação de pastas de documentos físicos.

Dentre as ferramentas de pesquisa mais comumente disponibilizadas para a organização do Departamento Jurídico no âmbito virtual, cita-se, por exemplo:

o nome das pessoas que integram uma ação e a sua respectiva posição processual; o número e a vara na qual tramita o processo; a ordem cronológica dos atos judiciais praticados; os prazos processuais em aberto; os dias e horários das audiências designadas; o valor da pretensão econômica discutida; a existência de ativos imobilizados por gravames judiciais; o grau de probabilidade de perda de uma causa etc.

Destaca-se, ainda, a possibilidade de vinculação dos sistemas de controle processual digitais da empresa com o andamento dos processos eletrônicos publicados na rede mundial de computadores, promovendo-se a alimentação automática das pastas digitais com vistas a reduzir o trabalho manual e a aumentar a agilidade na busca de informações atualizadas sobre os processos.

Em razão disto, os Departamentos Jurídicos e os escritórios de advocacia têm adotado os sistemas de gestão informatizados a fim de aprimorarem os serviços prestados no que toca ao acompanhamento dos processos administrativos e judiciais, à elaboração de relatórios analíticos e à apresentação de sugestões de medidas preventivas que visem extinguir práticas deflagradoras da propositura de ações judiciais por parte de colaboradores e/ou clientes em face da empresa.

8
A SEGURANÇA DIGITAL

> *"A importância da segurança do conhecimento e da segurança cibernética agora é comparável à da segurança nacional"*
>
> – Roger Spitz (2022).

A gradativa substituição dos meios físicos pelos meios digitais para a realização dos comunicados jurídicos e para a organização dos processos judiciais tem gerado uma série de desafios para os seus usuários: juízes, servidores, advogados e jurisdicionados.

Um dos principais desafios dessa transformação tecnológica possui relação com os **riscos de segurança digital** experimentados com o uso da rede mundial de computadores.

No âmbito jurídico, esses riscos adquirem ainda mais relevância porque estarão vinculados a processos judiciais que demandam uma atenção ainda maior em toda a cadeia de acesso dos sistemas informacionais digitais.

A apropriação indevida de uma senha de acesso a um processo judicial ou a invasão e o bloqueio de um sistema judicial eletrônico podem gerar danos irreparáveis para os usuários e para o todo o sistema de prestação jurisdicional.

Mas quais têm sido as formas adotadas para se evitar, ou, pelo menos, reduzir, os riscos de segurança cibernética, na manipulação dos sistemas judiciais digitais?

Dentre as principais medidas para reduzir os riscos cibernéticos podem ser citadas: o uso de um certificado de identidade digital, o acesso apenas de sítios e documentos eletrônicos confiáveis e a utilização de um programa antivírus atualizado, como será visto com maiores detalhes a seguir.

8.1 CERTIFICADO DE IDENTIDADE DIGITAL

As empresas e os advogados geralmente consultam os sistemas judiciais digitais por meio de um **certificado de identidade digital** ou por meio de **um *login* e de uma senha** de acesso ao ambiente de consulta privada.

O **certificado de identidade digital** é o documento do usuário emitido por uma entidade certificadora que permitirá a sua identificação, assinatura de documentos e acesso de sistemas eletrônicos por meio da troca de chaves criptográficas (ex.: assinatura de um contrato ou de uma petição judicial).

A utilização do certificado depende do uso simultâneo do dispositivo no qual ele esteja instalado (*computador, cartão inteligente ou token*) e da senha do usuário. Além disso, ele tem a vantagem de poder ser utilizado em todos os sistemas digitais, públicos ou privados, que aceitam esse tipo de certificação.

A emissão do certificado digital é realizada por uma entidade reconhecida e autorizada pelo Instituto Nacional de Tecnologia de Informação – ITI, ente federal responsável por coordenar o funcionamento da Infraestrutura de Chaves Públicas Brasileira – ICP Brasil, considerado o Sistema Nacional de Certificação Digital.

Por sua vez, o ***login* e a senha** são um conjunto de dados de identificação pessoal gerados por um sistema eletrônico específico que permitirá ao seu usuário acessar exclusivamente os serviços por ele disponibilizados (ex.: serviço de correio-eletrônico ou sítio de uma loja *online*).

Apesar de bastante simples, o sistema de *login* e senha, geralmente, possui o acesso limitado a um único sistema eletrônico, restringindo o seu âmbito de utilidade. Assim, o usuário deverá manter registros individuais para todos os sistemas eletrônicos que pretenda acessar.

A utilização do certificado digital e do sistema de *login* e senha deve observar algumas recomendações de segurança.

A primeira recomendação para o sistema de *login* e senha consiste na criação e no registro de **senhas fortes e exclusivas**, **compostas por letras, números e caracteres** que não reproduzam dados pessoais de fácil acesso, como nome, data de aniversário, endereço, RG, CPF etc.

Caso o sistema digital disponibilize o acesso a tal recurso, utilize ainda a **autenticação por dois fatores**, mecanismo automático responsável por enviar um código exclusivo para um correio-eletrônico, aparelho celular ou aplicativo de mensagens, a fim de confirmar se o acesso realmente está sendo realizado pelo titular do *login* e da senha.

A segunda recomendação aplicável ao uso de certificados digitais e de sistemas de acesso por *login* e senha consiste na preservação da confidencialidade dos seus respectivos dados.

Dessa forma, o certificado digital e a sua senha assim como o *login* e a senha de usuário deverão ser mantidos em local seguro e com acesso restrito ao seu respectivo titular.

Nunca divulgue, forneça ou compartilhe os seus dados pessoais e senhas de acesso dos sistemas eletrônicos do Poder Judiciário. Evite deixá-los em local de fácil acesso, principalmente, próximo de pessoas não autorizadas ou que não façam parte do quadro restrito de colaboradores da empresa.

Por fim, não se esqueça de trocar, periodicamente, a sua senha pessoal, a fim de dificultar a tentativa da sua obtenção por terceiros e de reduzir os efeitos de possíveis vazamentos de dados publicados na Internet.

8.2 ACESSO A SÍTIOS E DOCUMENTOS ELETRÔNICOS CONFIÁVEIS

Um outro ponto relevante na segurança digital para os usuários de sistemas judiciais virtuais está relacionado com a obrigatoriedade de acesso exclusivo dos **sítios ou portais eletrônicos autênticos dos órgãos do Poder Judiciário.**

Apenas acesse os **sítios eletrônicos oficiais dos Tribunais e órgãos judiciários,** cujos endereços-eletrônicos terminam com o domínio **jus.br** (ex: www.tjsp.jus.br; www.tjrj.jus.br). Os correios-eletrônicos também apresentam no seu final o domínio **jus.br** (ex.: cartoriodalvaracivel@tjmg.jus.br).

Essa padronização foi feita exatamente para facilitar a identificação do domínio dos endereços eletrônicos oficiais dos órgãos do Poder Judiciário (sítios e correios-eletrônicos) reduzindo a possibilidade de erro.

E, antes de digitar as suas credenciais, como o *login* e a senha de usuário, certifique-se que o sítio ou portal corresponde ao **endereço verdadeiro mantido pelo Poder Judiciário,** por meio da verificação dos requisitos **de certificação de segurança** e **de autenticidade** disponibilizados pelos navegadores virtuais (confira o cadeado de criptografia do *site*).

Essa precaução tem por objetivo evitar que você seja induzido a acessar um endereço falso ou malicioso criado para fins de captação indevida dos seus dados de identificação pessoal e de acesso aos sistemas judiciais digitais. Alguns antivírus possuem o mecanismo de verificação da segurança de *sites*.

Outro ponto que merece muito cuidado refere-se ao **recebimento de mensagens** e de **comunicados jurídicos por correios-eletrônicos, aplicativos de mensagens** e **perfis de redes sociais.**

Nestes comunicados podem ser inseridos *links* que remeterão o usuário a um sítio ou portal eletrônico falso com o objetivo de captação indevida de dados ou até de contaminação do seu computador por vírus.

Esse é um dos meios mais utilizados para forjar mensagens com mecanismos de captura de dados pessoais, em razão do impacto que esse tipo de conteúdo gera, principalmente, nos usuários não habituados ao recebimento de comunicados jurídicos (ex.: notificação de ajuizamento de ação judicial).

> *Ao ler os comunicados enviados pelos Tribunais tenha muito cuidado e verifique sempre a origem e a autenticidade do correio-eletrônico ou mensagem por aplicativo digital recebidos.*

Para tanto, entre em contato telefônico ou envie uma mensagem por aplicativo para o cartório da vara judiciária responsável por emitir o comunicado digital. Acesse o sítio eletrônico oficial do respectivo órgão judiciário para obter os meios de contato disponíveis.

> *Outra dica valiosa: nunca baixe um arquivo sem certificar-se que ele é autêntico e proveniente de uma fonte segura!*

Assim como o acesso a um sítio eletrônico falso, o descarregamento de um arquivo malicioso com um programa espião ou com um vírus poderá dar ao fraudador acesso total aos dados confidenciais arquivados no seu computador ou contaminá-lo de um modo irreparável.

A não observância dessas recomendações poderá oportunizar o acesso indevido às suas credenciais de *login* e senha de usuário e do seu sistema informático pessoal por uma pessoa não autorizada.

Todas as orientações para meios de comunicação digital acima também se aplicam aos **contatos telefônicos**. Ao receber uma ligação de uma pessoa se apresentando como um servidor público (oficial de justiça, escrivão ou chefe de secretaria), sempre trate de confirmar, posteriormente, a sua veracidade.

Para tanto, identifique o telefone de contato do cartório da vara de emissão do comunicado jurídico informado no sítio eletrônico oficial do Poder Judiciário. Além disso, **acesse o conteúdo do processo eletrônico para leitura das ordens judiciais emitidas e dos atos processuais praticados**.

Todos os atos relacionados às medidas judiciais comunicadas deverão estar registrados nos autos do processo judicial eletrônico, por meio de ordens emitidas pelo Juiz e efetivadas pelos servidores autorizados, com a participação dos advogados das partes.

> *Por fim, nunca, em hipótese alguma, informe os seus dados ou senhas pessoais por meio de telefone, mensagens de aplicativos virtuais ou perfis de redes sociais!*

Nenhum servidor do Poder Judiciário entrará em contato com a empresa, por mensagem ou telefone, para:

1) *solicitar os seus dados pessoais*, principalmente, os confidenciais como *login* e senha de acesso, os quais são utilizados apenas pelo próprio usuário;

2) *instalar um programa ou aplicativo digital*, uma vez que a instalação de *softwares* para habilitação aos processos judiciais eletrônicos é realizada pelo próprio usuário por meio de acesso da página oficial do órgão judiciário ou com o auxílio de um técnico da empresa;

3) *tratar de levantamento de depósitos judiciais, de liberação de bloqueios bancários ou de transferências de valores discutidos em juízo*, tendo em vista que esses procedimentos estão vinculados à emissão de ordens judiciais e de manifestações formais dos advogados das partes nos autos dos processos eletrônicos;

4) *pedir remuneração financeira por um serviço prestado*, uma vez que o pagamento de todas as taxas e despesas processuais são realizadas, exclusivamente, por meio de guias de recolhimento do Poder Judiciário.

Se isso acontecer, desconfie, a probabilidade de ser uma fraude é considerável! Entre na página oficial e faça a leitura atenta do processo judicial eletrônico para confirmar a autenticidade da informação transmitida.

Além disso, comunique imediatamente o seu advogado sobre o ocorrido e peça que ele também confirme se o conteúdo do comunicado é falso.

8.3 PROGRAMA ANTIVÍRUS

A observância das recomendações de segurança digital acima mencionadas não poderia estar completa se o usuário não fizesse uso de um programa antivírus para proteger a integridade dos seus equipamentos e sistemas de informática.

Recomenda-se a utilização de um programa antivírus capaz de garantir a integridade dos sítios eletrônicos acessados e a conformidade dos arquivos porventura baixados sob a ótica dos melhores preceitos da segurança digital.

No acesso aos sítios eletrônicos dos tribunais, no recebimento de comunicados jurídicos por meios digitais e no descarregamento (*download*) de arquivos com petições e documentos jurídicos, a utilização de um programa antivírus é fundamental para garantir a preservação dos seus equipamentos e dos sistemas de informática utilizados para as suas atividades cotidianas.

A utilização de um programa antivírus de primeira linha evitará que você acesse sítios eletrônicos falsos ou maliciosos e impedirá que você baixe arquivos contaminados para o seu computador ou aparelho celular.

Além disso, as empresas provedoras desse tipo de recurso de segurança estão constantemente pesquisando soluções para combater novas ameaças virtuais que possam contaminar os seus equipamentos e sistemas de informática.

Há ainda recursos que possibilitam proteger a sua rede de dados, verificar o vazamento de dados pessoais e senhas de serviços eletrônicos, bloquear aplicativos e *links* potencialmente nocivos etc.

Portanto, instale um antivírus e o mantenha sempre atualizado com o objetivo de aumentar o grau de segurança na utilização de dados relacionados aos comunicados jurídicos e aos processos judiciais eletrônicos.

CONSIDERAÇÕES FINAIS

Da leitura deste Manual de gestão, se conclui que as atividades do Departamento Jurídico demandam diligência pelo responsável por exercer as funções de controle do fluxo de processos administrativos e judiciais.

No ambiente das micro e pequenas empresas, o tratamento inadequado de um comunicado jurídico pode causar efeitos indesejáveis para a sua gestão e um grave impacto financeiro para o funcionamento das suas atividades.

Em razão disso, o investimento na formação de colaboradores para a gestão do departamento jurídico afigura-se como uma medida relevante para a melhoria dos procedimentos internos.

A partir do conhecimento dos fundamentos técnicos, o responsável pelo departamento poderá desenvolver as suas funções de uma forma consciente e segura.

Uma gestão profissional do departamento jurídico não apenas melhorará os procedimentos internos, mas, também, o relacionamento externo da empresa com parceiros e consumidores, que perceberão uma organização diferenciada neste setor estratégico.

O domínio do conhecimento técnico permitirá ainda a criação de novas soluções de gestão que possam aprimorar as práticas adotadas, gerando maior economia financeira e aumento da segurança das atividades.

Outra vantagem se relaciona à economia de tempo e ao aumento de produtividade, uma vez que o responsável pelo departamento poderá adotar providências de forma mais rápida, sem a necessidade de retrabalhos ou de reenvio de documentos, podendo se dedicar a outras atividades prioritárias.

Todavia, como visto, a formação do profissional responsável pelo departamento não se limita apenas à aquisição de conhecimento técnicos. Atualmente, uma boa gestão também exige o desenvolvimento de inúmeras competências empresariais.

O desenvolvimento dessas competências possibilitará um melhor relacionamento do colaborador com os demais membros da equipe, o aumento da qualidade dos serviços realizados, e do comprometimento com os princípios, a missão e os valores da empresa.

Além de tudo isso, incentivará a formação de um profissional com uma visão ampla do negócio, dotado de flexibilidade e de conhecimento multidisciplinar, capaz de se tornar um colaborador estratégico para o exercício de cargos gerenciais ou diretivos com o futuro crescimento da empresa.

Lembre-se que a pequena empresa de hoje, será a grande empresa de amanhã! E ela precisará contar com profissionais altamente qualificados para a expansão administrativa e jurídica das suas atividades.

Por isso, a preocupação com a evolução do trabalho desenvolvido na empresa deve ser aplicada em todas as suas áreas, cotidianamente, por incrível que possa parecer, até mesmo no Departamento Jurídico.

A melhor maneira de realizar tal visão é por meio da difusão da cultura das boas práticas dos serviços relacionados à gestão jurídica.

Empresários e gestores devem promover a formação de colaboradores motivados e capacitados a atuar nesta relevante área de gestão para o bom desenvolvimento das atividades das suas empresas.

Nesse sentido, este Manual pretende ser uma primeira fonte de consulta para as diversas dúvidas que surgirão na realização das atividades. Com o conhecimento nele contido, você se sentirá mais seguro e preparado para lidar com os desafios relacionados à gestão do setor jurídico.

Boa sorte e sucesso!

Vinícius Mendonça

GLOSSÁRIO

Acórdão: julgamento proferido por um grupo de juízes de um Tribunal.

Advocacia consultiva: são os serviços advocatícios prestados por meio de análises e pareceres, fora do âmbito judicial.

Advocacia contenciosa: são os serviços advocatícios prestados em um processo administrativo ou judicial.

Advocacia preventiva: são os serviços advocatícios prestados com foco em evitar o surgimento de problemas provocados por práticas desconformes à lei.

Arbitragem: mecanismo privado de solução de controvérsias dirigido por um ou mais árbitros para solucionar conflitos sobre direitos disponíveis.

Ata de audiência: documento no qual são registrados todos os atos praticados pelos agentes do processo e seus auxiliares em audiência.

Autocomposição ou **composição amigável**: forma de resolução de uma lide pelas próprias partes litigantes, sem a intervenção do Poder Judiciário.

Autos: a pasta física ou digital na qual são concentrados os atos e documentos do processo administrativo ou judicial.

Caput: palavra em latim que significa a parte inicial de um artigo de lei dividido em incisos e/ou parágrafos.

Carta arbitral: ofício emitido por um Juízo Arbitral dirigido a um órgão do Poder Judiciário para a prática ou emissão de ordem de cumprimento de um pedido de cooperação judiciária.

Carta precatória: ofício emitido por um Juiz de Direito dirigido a outro Juiz situado em área de competência territorial diversa para a prática ou emissão de ordem de cumprimento de um pedido de cooperação judiciária.

Carta rogatória: ofício emitido por um Juiz brasileiro dirigido a órgão jurisdicional estrangeiro para a prática de ato de cooperação judiciária internacional.

Citação: é o ato judicial pelo qual são convocados o réu, o executado ou o interessado para integrar a relação processual.

Citação por edital: é a citação feita por meio de anúncio publicado nos meios de comunicação (físicos e eletrônicos) nos casos previstos em lei.

Citação por hora certa: é a citação feita pelo oficial de justiça com um horário fixado para citar a parte não encontrada no endereço descrito no mandado.

Comarca: área delimitada pela legislação de organização judiciária para a divisão das regiões de atuação do Poder Judiciário.

Contrafé: cópia da petição inicial entregue ao réu quando do cumprimento do ato de citação por Oficial de Justiça ou do envio da citação por via postal.

Jurisdição: função do Estado de declarar e realizar, de forma prática, a vontade da lei diante de uma situação jurídica controvertida (Theodoro Júnior, 2014).

Litígio: conflito de interesses qualificado por pretensão de um e pela resistência do outro (Carnelutti, 1942).

Litisconsortes: são as partes que figuram no mesmo polo de uma ação, na qualidade de autores ou de réus.

Mandado: ofício contendo ordem ou despacho de autoridade administrativa ou judicial para que se cumpra uma diligência ou se dê ciência à realização ou não de algo (Diniz, 1998).

Mandato: ato pelo qual uma pessoa outorga poderes de representação ao advogado por meio de uma procuração escrita ou de forma verbal.

Pedido contraposto: é o pedido de condenação formulado pelo réu na sua contestação em face do autor.

Petição: requerimento escrito dirigido ao magistrado solicitando a execução de um ato forense (Diniz, 1998).

Procedimento: é a faceta dinâmica do processo, é o modo pelo qual os diversos atos processuais se relacionam na série constitutiva do processo (Gajardoni, 2023).

Processo: instrumento por meio do qual os órgãos jurisdicionais atuam para pacificar as pessoas conflitantes, eliminando os conflitos e fazendo cumprir o preceito jurídico pertinente a cada caso que lhes é apresentado em busca de solução (Cintra; Grinover; Dinamarco, 2009).

Revelia: quando o réu devidamente citado deixa de apresentar defesa ou a apresenta em desconformidade com o previsto na legislação (Conceição, 2023).

Seccional: unidade administrativa pela qual as seções da OAB são divididas, nos estados e no DF, para fins de organização das suas funções institucionais.

Substabelecimento: é o instrumento pelo qual o advogado transfere, com ou sem reservas, os poderes de representação originariamente recebidos do seu cliente a outro advogado.

Súmula: enunciado jurídico extraído de uma série de decisões sobre a mesma matéria emitido por um tribunal.

REFERÊNCIAS

LIVROS E ARTIGOS

BANKS, Theodore I.; BANKS, Frederick Z. *Corporate legal compliance handbook*. Nova Iorque: Wolter Kluwers, 2023. p. 01-14.

BIBLIA. Espanhol. Vaticano. Disponível em: <https://www.vatican.va/archive/ESL0506/__PVE.HTM>. Acesso em: 12 jan. 2023.

BING, Gordon. *Due diligence technique and analysis*: critical questions for business decisions. Westport (EUA): Quorum, 1996.

BUENO, Cássio Scarpinella. *Manual de direito processual civil*. São Paulo: Saraiva, 2022.

CARNELUTTI, Francesco. *Istituzioni del nuovo processo civile italiano*. Roma: Foro Italiano, 1942. v. 1.

CINTRA, Antônio Carlos de Araújo; GRINOVER, Ada Pelegrini; DINAMARCO, Cândido Rangel. *Teoria geral do processo*. São Paulo: Malheiros, 2009.

CNN. *Pequenos negócios geram renda de R$ 420 bi por ano, aponta levantamento do Sebrae*. Disponível em: <https://www.cnnbrasil.com.br/economia/pequenos-negocios-geram-renda-de-r-420-bi-por-ano-aponta-levantamento-do-sebrae/>. Acesso em: 15 fev. 2023.

CONCEIÇÃO, Maria Lúcia Lins. Revelia. Enciclopédia jurídica da PUC-SP. CAMPILONGO, Celso Fernandes; GONZAGA, Alvaro de Azevedo e FREIRE, André Luiz (coords.). Tomo: Processo Civil. BUENO, Cassio Scarpinella; OLIVEIRA NETO, Olavo de (coord. de tomo). 2. ed. São Paulo: Pontifícia Universidade Católica de São Paulo, 2021. Disponível em: <https://enciclopediajuridica.pucsp.br/verbete/458/edicao-2/revelia>. Acesso em: 25 fev. 2023.

CONSELHO FEDERAL DE ADMINISTRAÇÃO – CFA. *MPES são responsáveis por fomentar a economia no País*. Disponível em: <https://cfa.org.br/ancoras-da-economia/>. Acesso em: 08 out. 2022.

CONSELHO NACIONAL DE JUSTIÇA – CNJ. *Domicílio judicial eletrônico inicia cadastro de instituições financeiras*. Disponível em: <https://www.cnj.jus.br/domicilio-judicial-eletronico-inicia-cadastro-de-instituicoes-financeiras/>. Acesso em: 14 fev. 2023.

DINIZ, Maria Helena. *Dicionário jurídico*. São Paulo: Saraiva, 1998. v. 3.

DRUCKER, Peter. *Classic Drucker: essential wisdom of Peter Drucker from the pages of Harvard Business Review*. Boston: Harvard Business School Publishing, 2006. p. 194.

_____. *People and performance: the best of Peter Drucker on management*. Londres: Routledge, 2011.

GAJARDONI, Fernando da Fonseca. Procedimento. Enciclopédia jurídica da PUC-SP. CAMPILONGO, Celso Fernandes; GONZAGA, Alvaro de Azevedo e FREIRE, André Luiz (coords.). Tomo: Processo Civil. BUENO, Cassio Scarpinella; OLIVEIRA NETO, Olavo de (coord. de tomo). 2. ed. São Paulo: Pontifícia Universidade Católica de São Paulo, 2021. Disponível em: <https://enciclopediajuridica.pucsp.br/verbete/199/edicao-2/procedimento>. Acesso em: 07 fev. 2023.

GOLEMAN, Daniel. *Emotional inteligence*: why it can matter more than IQ. Nova Iorque: Bantam Books, 2006.

_____. *Working with emotional intelligence*. Nova Iorque: Bantam Books, 2011.

HARVARD MEDICAL SCHOOL. Harvard Health Publishing. *Emotional intelligence*. Disponível em: <https://www.health.harvard.edu/mind-and-mood/emotional-intelligence#about-report>. Acesso em: 20 fev. 2023.

HARVARD PROFESSIONAL DEVELOPMENT. Harvard Division of Continuing Education. *How to improve your emotional intelligence*. Disponível em: <https://professional.dce.harvard.edu/blog/how-to-improve-your-emotional-intelligence/>. Acesso em: 20 fev. 2023.

KISER, Randall. *Soft skills for the effective lawyer*. Cambridge: Cambridge University Press, 2017.

MCKEE, Annie. *How to be happy at work*. Boston: Harvard Business Review, 2017.

MIGALHAS. *Quanto ganha um advogado?* Veja o piso salarial de cada Estado. Disponível em: <https://www.migalhas.com.br/quentes/379922/quanto-ganha-um-advogado-veja-o-piso-salarial-de-cada-estado>. Acesso em: 17 jan. 2023.

MINIMALIST QUOTES. *Alexander Graham Bell*. Disponível em: <https://minimalistquotes.com/alexander-graham-bell-quote-97541/>. Acesso em: 03 fev. 2023.

PORTER, Michael. *On competition*. Boston: Harvard Business School Publishing, 2014.

PORTO SEGURO CIA. DE SEGUROS GERAIS. *Missão e filosofia*. Disponível em: <http://ri.portoseguro.com.br/a-companhia/missao-e-filosofia/#:~:text=Erros%20acontecem%20e%20precisam%20ser,das%20atribui%C3%A7%C3%B5es%20da%20sua%20fun%C3%A7%C3%A3o>. Acesso em: 05 out. 2022.

REVISTA ÉPOCA. *As 20 melhores frases de Steve Jobs*. Disponível em: <https://epocanegocios.globo.com/Inspiracao/Vida/noticia/2015/09/20-melhores-frases-de-steve-jobs.html>. Acesso em: 06 out. 2022.

REVISTA PEQUENAS EMPRESAS GRANDES NEGÓCIOS. *Pequenos negócios já representam 30% do Produto Interno Bruto do País*. Disponível em: <https://revistapegn.globo.com/Negocios/noticia/2020/04/pequenos-negocios-ja-representam-30-do-produto-interno-bruto-do-pais.html>. Acesso em: 08 out. 2022.

_____. *11 frases de Bill Gates que mostram porque ele é o homem mais rico do mundo*. Disponível em: <https://revistapegn.globo.com/Dia-a-dia/noticia/2015/09/11-frases-de-bill-gates-que-mostram-por-que-ele-e-o-homem-mais-rico-do-mundo.html>. Acesso em: 07 out. 2022.

SCIENTIA POTENTIA EST. In: Wikipedia. San Francisco (EUA): Wikimedia Fundation, 2023. Disponível em: <https://en.wikipedia.org/wiki/Scientia_potentia_est>. Acesso em: 10 jan. 2023.

SPEAKE, Jennifer. *Oxford Dictionary of Proverbs*. Oxford: Oxford University Press, 2015.

SERVIÇO BRASILEIRO DE APOIO ÀS MICRO E PEQUENAS EMPRESAS – SEBRAE. *Micro e pequenas empresas geram 27% do PIB do Brasil*. Disponível em: <https://www.sebrae.com.br/sites/PortalSebrae/ufs/mt/noticias/micro-e-pequenas-empresas-geram-27-do-pib-do-brasil,ad0fc70646467410VgnVCM2000003c74010aRCRD>. Acesso em: 08 out. 2022.

_____. *Pequenos negócios em números*. Disponível em: <https://www.sebrae.com.br/sites/PortalSebrae/ufs/sp/sebraeaz/pequenos-negocios-em-numeros,12e8794363447510VgnVCM1000004c00210aRCRD#:~:text=COMPARTILHAR&text=Os%20pequenos%20neg%C3%B3cios%20empresariais%20s%C3%A3o,e%20pequenas%20empresas%20(MPE)>. Acesso em: 08 out. 2022.

_____. *Dia da Micro e Pequena Empresa evidencia a importância dos empreendedores para o Brasil*. Disponível em: <https://agenciasebrae.com.br/brasil-empreendedor/dia-da-micro-e-pequena-empresa-evidencia-a-importancia-dos-empreendedores-para-o-brasil/>. Acesso em: 14 fev. 2023.

SPITZ, Roger. *The definitive guide to thriving on disruption*. São Francisco: Disruptive Futures Institute, 2022. v. I.

THE GUARDIAN. *'Remember to look up at the stars'*: the best Stephen Hawking quotes. Disponível em: <https://www.theguardian.com/science/2018/mar/14/best-stephen-hawking-quotes-quotations>. Acesso em: 01 out. 2022.

THEODORO JÚNIOR, Humberto. *Curso de direito processual civil*. Rio de Janeiro: Forense, 2014. v. 1.

LEGISLAÇÃO

BRASIL. *Constituição Federal*. Disponível em: <http://www.planalto.gov.br/ccivil_03/constituicao/constituicao.htm>. Acesso em: 01 fev. 2023.

_____. *Código de Processo Civil* (Lei Federal n.º 13.105, de 16/03/2015). Disponível em: <http://www.planalto.gov.br/ccivil_03/_ato2015-2018/2015/lei/l13105.htm>. Acesso em: 01 fev. 2023.

_____. *Consolidação das Leis do Trabalho* (Decreto-lei n.º 5.452, de 01/01/1943). Disponível em: <http://www.planalto.gov.br/ccivil_03/decreto-lei/Del5452compilado.htm>. Acesso em: 01 fev. 2023.

_____. *Estatuto da Advocacia* (Lei Federal n.º 8.906, de 04/07/1994). Disponível em: <http://www.planalto.gov.br/ccivil_03/leis/l8906.htm>. Acesso em: 10 fev. 2023.

_____. *Lei da Arbitragem* (Lei Federal n.º 9.307, de 23/09/1996). Disponível em: <https://www.planalto.gov.br/ccivil_03/leis/l9307.htm>. Acesso em: 10 jan. 2023.

_____. *Lei da Mediação* (Lei Federal n.º 13.140, de 26/06/2015). Disponível em: <http://www.planalto.gov.br/ccivil_03/_ato2015-2018/2015/lei/l13140.htm>. Acesso em: 10 jan. 2023.

_____. *Lei das Micro e Pequenas Empresas* (Lei Complementar n.º 123, de 14/12/2006). Disponível em: <http://www.planalto.gov.br/ccivil_03/leis/lcp/lcp123.htm>. Acesso em: 01 fev. 2023.

_____. *Lei do Processo Eletrônico* (Lei Federal n.º 11.419, de 19/12/2006). Disponível em: <http://www.planalto.gov.br/ccivil_03/_ato2004-2006/2006/lei/l11419.htm>. Acesso em: 01 fev. 2023.

_____. *Lei dos Juizados Especiais Cíveis e Criminais Estaduais* (Lei Federal n.º 9.099, de 26/09/1995). Disponível em: <http://www.planalto.gov.br/ccivil_03/leis/l9099.htm>. Acesso em: 01 fev. 2023.

_____. *Lei dos Juizados Especiais Cíveis e Criminais Federais* (Lei Federal n.º 10.259, de 12/07/2001). Disponível em: <http://www.planalto.gov.br/ccivil_03/leis/LEIS_2001/L10259.htm>. Acesso em: 01 fev. 2023.

_____. *Lei dos Juizados das Fazendas Públicas Estaduais e do Distrito Federal* (Lei Federal n.º 12.153, de 22/12/2009). Disponível em: <https://www.planalto.gov.br/ccivil_03/_ato2007-2010/2009/lei/l12153.htm>. Acesso em: 01 fev. 2023.

_____. *Lei Federal n.º 7.701, de 21/12/1988*. Dispõe sobre a especialização de Turmas dos Tribunais do Trabalho em processos coletivos e dá outras providências. Disponível em: <http://www.planalto.gov.br/ccivil_03/leis/l7701.htm>. Acesso em: 01 fev. 2023.

_____. CNJ. *Resolução n.º 455, de 27/04/2022*. Institui o Portal de Serviços do Poder Judiciário (PSPJ), na Plataforma Digital do Poder Judiciário (PDPJ-Br), para usuários externos. Disponível em: <https://atos.cnj.jus.br/atos/detalhar/4509>. Acesso em: 14 fev. 2023.

OAB. *Regulamento Geral do Estatuto da Advocacia e da OAB*. Disponível em: <https://www.oab.org.br/content/pdf/legislacaooab/regulamentogeral.pdf>. Acesso em: 24 jan. 2023.

_____. *Código de Ética da OAB*. Disponível em: <https://www.oab.org.br/publicacoes/AbrirPDF?LivroId=0000004085>. Acesso em: 24 jan. 2023.

JURISPRUDÊNCIA

BRASIL. *Conselho Nacional de Justiça*. II Jornada de Direito Comercial. Disponível em: <https://www.cjf.jus.br/enunciados/enunciado/801>. Acesso em: 20 jan. 2023.

_____. *Fórum Nacional dos Juizados Especiais – FONAJE*. Disponível em: <https://www.cnj.jus.br/redescobrindo-os-juizados-especiais/enunciados-fonaje/enunciados-civeis/>. Acesso em: 20 jan. 2023.

_____. *Fórum Nacional dos Juizados Especiais Federais – FONAJEF*. Disponível em: <https://www.ajufe.org.br/fonajef/enunciados-fonajef>. Acesso em: 20 jan. 2023.

_____. Superior Tribunal de Justiça - STJ. *Súmula n.º 376*. Disponível em: <https://scon.stj.jus.br/SCON/sumstj/>. Acesso em: 10 jan. 2023.

_____. Supremo Tribunal Federal - STF. *Súmula n.º 641*. Disponível em: <https://portal.stf.jus.br/textos/verTexto.asp?servico=jurisprudenciaSumula>. Acesso em: 10 jan. 2023.

_____. Tribunal Superior do Trabalho – TST. *Súmula n.º 16*. Disponível em: <https://www.tst.jus.br/livro-de-sumulas-ojs-e-pns>. Acesso em: 20 jan. 2023.

_____. Tribunal Superior do Trabalho – TST. *Súmula n.º 100*. Disponível em: <https://www.tst.jus.br/livro-de-sumulas-ojs-e-pns>. Acesso em: 20 jan. 2023.

_____. Tribunal Superior do Trabalho – TST. *Súmula n.º 122*. Disponível em: <https://www.tst.jus.br/livro-de-sumulas-ojs-e-pns>. Acesso em: 20 jan. 2023.

_____. Tribunal Superior do Trabalho – TST. *Súmula n.º 283*. Disponível em: <https://www.tst.jus.br/livro-de-sumulas-ojs-e-pns>. Acesso em: 20 jan. 2023.

_____. Tribunal Superior do Trabalho – TST. *Súmula n.º 414*. Disponível em: <https://www.tst.jus.br/livro-de-sumulas-ojs-e-pns>. Acesso em: 20 jan. 2023.

ANEXOS

ANEXO A – FICHA PROCESSUAL

Pasta: [número]	

Data de ajuizamento: [dia/mês/ano]	**Data de distribuição**: [dia/mês/ano]
Posição da empresa: [autora ou ré]	
Parte contrária: [nome e telefone]	**Advogado**: [nome e telefone]
Ação: [natureza]	
Órgão: [vara judicial ou PROCON]	
Processo n.º: [número]	**Processos apensos**: [números]
Valor da causa: R$ [número]	**Risco**: [alto, médio ou baixo]
Bem penhorado: [descrever]	

Audiências:

Conciliação: [dia/mês/ano e hora]

Instrução e Julgamento: [dia/mês/ano e hora]

Sessão no Tribunal de Justiça ou Superior: [dia/mês/ano e hora]

Andamentos processuais:

[dia/mês/ano]: [atividade (ex.: recebido o mandado de citação e de intimação com a designação da audiência de conciliação)]

[dia/mês/ano]: [atividade (ex.: audiência de conciliação realizada, acordo não celebrado, fixados os pontos controvertidos e designada audiência de instrução e julgamento)]

[dia/mês/ano]: [atividade (ex.: protocolada contestação)]

[dia/mês/ano]: [atividade (ex.: apresentada réplica)]

[dia/mês/ano]: [atividade (ex.: intimação para manifestar-se sobre o laudo pericial)]

[dia/mês/ano]: [atividade (ex.: petição protocolada impugnando o laudo pericial)]

[dia/mês/ano]: [atividade (ex.: audiência de instrução e julgamento realizada; proferida sentença que julgou os pedidos procedentes e condenou a empresa ao pagamento da indenização por danos morais (R$ 10.000,00)]

[dia/mês/ano]: [atividade (ex.: interposto recurso de apelação)];

[dia/mês/ano]: [atividade (ex.: proferido acórdão que acolheu em parte o recurso de apelação e fixou a condenação em R$ 5.000,00)];

[dia/mês/ano]: [atividade (ex.: protocolada petição informando o pagamento/depósito do valor da condenação)].

Observações:

[medidas administrativas ou judiciais a serem adotadas].

Reserva financeira:

[ex.: realizada a provisão financeira no valor de R$ 5.000,00 para pagamento de eventual condenação judicial e de R$ 1.000,00 a títulos de honorários advocatícios, já acrescidos de juros e correção monetária]

ANEXO B – OFÍCIO DE ENCAMINHAMENTO DE DOCUMENTOS

[*Timbre da empresa*]
[*Cidade/Estado, dia, mês e ano*].
De: [*Nome da empresa/Departamento/Colaborador responsável*]
Para: [*Nome do escritório terceirizado/Advogado responsável*]
Referente: [***Vara Judicial ou Órgão de Proteção e Defesa do Consumidor***]
[***Número do processo judicial ou administrativo***]
[***Nome do requerente x nome do requerido***]
[***Data e horário da audiência*** (*se houver*)]
Prezado(a) Dr.(a).,
Em __/__/____ recebemos o **mandado de citação** do processo acima especificado, o qual está sendo encaminhado aos seus cuidados a fim de que sejam adotadas as medidas cabíveis em defesa dos interesses de nossa empresa. Segue abaixo a lista de documentos anexos:
1. Contrato social e alterações da empresa
2. Procuração para o advogado/escritório
3. Mandado de citação e Petição inicial
5. Dossiê/Relatório técnico com os documentos anexos sobre o caso
Por fim, caso seja necessário o encaminhamento de algum outro documento, favor entrar em contato por telefone ou correio-eletrônico para que possamos providenciá-lo a fim de viabilizar a elaboração da defesa.
Cordialmente,
_____
[*Campo para assinatura com o nome do colaborador*]
[*Telefone de contato/Aplicativo de Mensagem Eletrônica*]
[*Correio-eletrônico*]

OBSERVAÇÕES DE PREENCHIMENTO:
(ANEXO B – OFÍCIO DE ENCAMINHAMENTO)
Campo "Comunicado jurídico":
O campo contendo a indicação do "comunicado judicial ou administrativo" sempre deverá ser modificado de acordo com o tipo de documento enviado (ex.: mandado de citação; notificação extrajudicial; mandado de intimação etc.).
Campo "Contrato social e alterações da empresa":
No caso de microempreendedor, o campo "contrato social" deverá ser substituído por: "requerimento de empresário" ou "certificado da condição de microempreendedor individual".
No caso de sociedades anônimas, o campo "contrato social" deverá ser substituído por: "estatuto social"; e, deverá ser inserido ainda um campo "ata de assembleia geral".
Campo "Anexos":
O campo relacionado aos "Anexos" sempre deverá ser atualizado considerando os documentos mais relevantes a serem enviados ao destinatário ou escritório terceirizado (ex.: em uma Reclamação Trabalhista deverá ser destacado o envio de cópia da carteira de trabalho, do contrato de trabalho, dos comprovantes de pagamento de salário etc.).

ANEXO C – CONTRATO DE SERVIÇOS ADVOCATÍCIOS

CONTRATO DE PRESTAÇÃO DE SERVIÇOS ADVOCATÍCIOS

CONTRATANTE: NOME DA EMPRESA, pessoa jurídica de direito privado, inscrita no CNPJ sob o n.º [número], com sede na Rua [nome], n.º [número], [bairro], [cidade], [estado], [CEP], neste ato representada por seu sócio Sr. [nome completo], [nacionalidade, estado civil, profissão, número da Carteira de Identidade e número do CPF].

CONTRATADA: NOME DA SOCIEDADE DE ADVOGADOS, sociedade de advogados, registrada na OAB/ [Estado ou DF] sob o n.º [número] e inscrita no CNPJ sob o n.º [número], com sede na Rua [nome], n.º [número], [bairro], [cidade], [estado], [CEP], neste ato representada por seu sócio Sr. [nome completo], [nacionalidade, estado civil, profissão, número da Carteira de Identidade e número do CPF].

As partes acima identificadas e qualificadas ajustam entre si o presente contrato de prestação de serviços advocatícios, mediante as cláusulas e condições seguintes:

1. DO OBJETO

1.1. O presente instrumento tem por objeto a contratação de serviços advocatícios especializados no âmbito consultivo e contencioso nas áreas cível, empresarial, administrativa, tributária e trabalhista, perante o Poder Judiciário e órgãos administrativos ou reguladores, relacionados a ações em trâmite ou a serem propostas, até o exaurimento de todas as instâncias recursais estaduais, regionais e federais.

1.2. A área de atuação para a execução dos serviços contratados abrange a Comarca de [Cidade/Estado/País ou Cidades ou Estados].

2. DA PRESTAÇÃO DOS SERVIÇOS

2.1. Os serviços a serem prestados deverão se pautar pelo emprego da melhor técnica e em conformidade com as orientações dos representantes da CONTRATANTE, os quais deverão englobar todas as medidas administrativas ou judiciais necessárias em defesa dos interesses desta.

2.2. A CONTRATADA se compromete, por si e por seus prepostos, na execução dos serviços jurídicos, a manter sigilo de todas as informações de cunho privado eventualmente recebidas, a preservar a imagem e o bom conceito ostentado pela CONTRANTE perante a sociedade e o mercado consumidor e concorrencial.

2.3. A CONTRATADA deverá providenciar, mensalmente, a entrega de relatório processual detalhado com os andamentos atualizados dos processos administrativos e judiciais sob sua responsabilidade, incluída a evolução dos casos de cobrança extrajudicial, com a recomendação da adoção das medidas jurídicas pertinentes visando resguardar os interesses da CONTRATANTE, assim como evitar prejuízos.

3. DO PREÇO

3.1. A CONTRATANTE pagará à CONTRATADA, mensalmente, pelos serviços a serem prestados de advocacia de partido, a quantia de R$ [valor em número] [valor por extenso], a qual deverá ser depositada no Banco [nome], Agência [número], conta corrente nº [número], até o dia 05 do mês subsequente ao período vencido.

3.2. O atraso no pagamento do valor descrito na Cláusula 3.1. implicará o pagamento de multa de 10% (dez por cento), ao qual será ainda acrescido juros de mora fixados em 2% (dois por cento) ao mês, mais correção monetária até a data do efetivo depósito.

3.3. Os honorários advocatícios previstos na Cláusula 3.1 serão corrigidos monetariamente após o transcurso do prazo de 12 (doze) meses de vigência pactuado, e, a cada renovação anual, segundo o IGP-M ou outro índice equivalente que venha a substituí-lo.

3.4. A CONTRATANTE pagará ainda honorários advocatícios por êxito (*ad exitum*) no percentual de 10% (dez por cento) sobre a vantagem econômica efetivamente auferida nas cobranças extrajudiciais e judiciais realizadas de maneira bem-sucedida pela CONTRATADA.

3.5. A CONTRATANTE pagará à CONTRATADA os valores correspondentes às demais obrigações assumidas neste instrumento, por meio de depósito na conta-bancária prevista na Cláusula 3.1, no prazo de até 30 dias, contados da apresentação do documento comprobatório do fato gerador do pagamento, aplicando-se as regras da Cláusula 3.2. no caso de atraso.

3.6. Os honorários advocatícios derivados de condenação judicial de terceiros contra os quais venha a litigar a CONTRATANTE, em processos administrativos ou judiciais, serão devidos única e exclusivamente à CONTRATADA, sobre os quais somente esta poderá dispor, negociar ou transacionar.

4. DO REEMBOLSO DAS DESPESAS

4.1. À CONTRATANTE competirá, exclusivamente, suportar o pagamento das despesas de natureza administrativa, arbitral e judicial, nelas compreendidas exemplificativamente, sem, contudo, esgotá-las, o recolhimento de custas judiciais e preparos recursais, honorários periciais e honorários advocatícios a título de sucumbência assim como as despesas de postagem, os custos da extração de cópias de autos de processos e correlatos.

4.2. A CONTRATANTE pagará ainda à CONTRATADA as despesas relacionadas ao deslocamento para realização de diligências processuais e comparecimento a audiências, nelas compreendidas, sem, contudo, esgotá-las, hospedagem, alimentação e transporte, de acordo com a tabela da Ordem dos Advogados do Brasil – Seção [*Estado*].

4.3. O pedido de reembolso de despesas deverá ser devidamente instruído pelo respectivo documento comprobatório (Nota Fiscal ou Guia de Recolhimento) em sua via original, o qual deverá ser preenchido com os dados completos do processo administrativo, arbitral ou judicial.

5. DAS RESPONSABILIDADES

5.1. São responsabilidades da CONTRATANTE:

5.1.1. Pagar pontualmente o preço dos serviços a serem prestados, sob pena da incidência de multa e juros conforme pactuados assim como rescisão do contrato.

5.1.2. Fornecer em tempo hábil todas as informações e documentos (em cópia impressa ou digitalizada, simples ou autenticada) solicitados pela CONTRATADA para a defesa dos seus interesses em processos administrativos ou judiciais.

5.1.3. Designar os prepostos com conhecimento dos fatos sobre os quais se circunscreve o litígio a fim de representá-la nas audiências designadas em processos administrativos ou judiciais nos quais figure como parte.

5.1.4. Pagar ou reembolsar todas as despesas, custas e emolumentos de processos administrativos, arbitrais ou judiciais nos quais seja parte. Inclusive, o valor dos serviços de contratação de assistentes técnicos, de trabalhos periciais ou de outros prestadores relacionados à defesa dos seus interesses.

5.1.5. Pagar o valor dos serviços de contratação de Advogado Correspondente para atuação em Comarca ou Estado fora dos limites previstos neste instrumento, com vistas a defender os seus interesses, após a sua autorização e nos limites da Tabela de Serviços da OAB – Seção [nome do Estado ou DF].

5.2. São responsabilidades da CONTRATADA:

5.2.1. Prestar serviços de meio e não de fim assim como bem exercer a função a si atribuída para a defesa dos interesses da CONTRATANTE.

5.2.2. Designar advogados tecnicamente preparados para o acompanhamento dos prepostos da CONTRATANTE nas audiências a serem designadas em autos de processos administrativos ou judiciais nos quais figure como parte.

5.2.3. Informar à CONTRATANTE a respeito da pauta de audiências com antecedência suficiente para a designação de prepostos.

5.2.4. Substabelecer os poderes de representação a si outorgados apenas com a autorização expressa da CONTRATANTE, para os fins necessários à preservação dos seus interesses e responsabilizando-se pela adequação e qualidade dos serviços prestados pelos advogados substabelecidos.

5.2.5. Indenizar à CONTRATANTE por eventuais erros ou prejuízos causados no exercício das atividades profissionais nas quais reste caracterizada, culpa ou dolo, após o devido processo legal e sentença ou acórdão do qual não caiba mais recurso.

5.2.6. Observar todas as normas da Lei Geral de Proteção de Dados (Lei n.º 13.709/2018), no tratamento dos dados pessoais e sensíveis da CONTRATANTE, garantindo a sua proteção e confidencialidade.

5.2.7. Contratar uma apólice de seguro de responsabilidade civil em benefício da CONTRATANTE, com o intuito de preservá-la contra a prática de erros decorrentes do exercício de suas atividades profissionais.

6. DA VIGÊNCIA

6.1. O presente contrato terá como vigência o prazo de 12 (doze) meses, podendo ser prorrogado pelo mesmo prazo, caso haja concordância expressa e escrita, manifestada por ambas as partes.

7. DA RESCISÃO

7.1. O contrato poderá ser resilido unilateralmente por ambas as partes, mediante aviso por escrito, com a antecedência mínima de 30 (trinta) dias.

7.2. O descumprimento de quaisquer das obrigações ora pactuadas causará a rescisão automática deste contrato, sem a necessidade de interpelação judicial, bem como o pagamento de multa equivalente a um mês de vigência contratual, sem prejuízo da apuração de eventuais perdas e danos.

7.3. A CONTRATADA se compromete a substabelecer, sem reservas, todos os poderes recebidos, ao advogado ou escritório de advocacia indicado pela CONTRATANTE, no prazo de 48 (quarenta e oito) horas, após o recebimento do comunicado de resilição, rescisão ou extinção do contrato.

7.4. A CONTRATADA permanecerá obrigada, pelo prazo de 03 (três) meses após o término deste contrato, a retransmitir à CONTRATANTE, imediatamente, por correio-eletrônico e aplicativo de mensagem, todos os comunicados de natureza jurídica recebidos e vinculados a processos nos quais tenha atuado representando a CONTRATANTE.

8. DO FORO

8.1. Fica eleito o [nome, endereço, telefone, sítio virtual e correio eletrônico do Tribunal Arbitral], para dirimir toda e qualquer dúvida relacionada ao exercício e ao cumprimento dos direitos e obrigações previstos neste contrato, ao qual competirá solucionar a controvérsia instaurada por meio de arbitragem, em consonância aos ditames da Lei Federal n.º 9.307/96 e às normas do seu regimento interno.

E, por estarem assim justas e contratadas, firmam o presente em duas vias de igual teor e forma, juntamente com duas testemunhas.

[Cidade/Estado], [data com dia/mês/ano].

_____
[Nome da empresa contratante]
[Nome do sócio]

_____
[Nome da sociedade de advogados contratada]
[Nome do sócio]

Testemunhas:

_____   _____
[Nome]   [Nome]
[CPF/MF]   [CPF/MF]

OBSERVAÇÕES DE PREENCHIMENTO:
(ANEXO C – CONTRATO DE SERVIÇOS ADVOCATÍCIOS)

Campo "Contratante":

No caso de MEI, no campo CONTRATANTE deverá constar a seguinte redação:

"*CONTRATANTE: NOME DO MEI, microempresário individual, inscrito no CPF sob o n.º e no CNPJ sob o n.º [número], com sede na Rua [nome], n.º [número], [bairro], [cidade], [estado], [CEP]*".

Campo "Cláusula 1 – Objeto":

Caso a modalidade de contratação seja por **"causa isolada"**, a Cláusula 1.1 poderá ser substituída pela seguinte forma, na hipótese de "elaboração de defesa":

"*O presente instrumento tem por objeto a contratação de serviços advocatícios especializados para a defesa dos interesses da CONTRATANTE, consistentes na apresentação de defesa nos autos do processo n.º [número], em trâmite perante a [Vara ou PROCON] de [Cidade/Estado], no qual figura como autor o Sr. [nome], cuja pretensão refere-se à [especificar os pedidos feitos pelo autor], representando-a até o exaurimento de todas as instâncias recursais estaduais, regionais e federais*".

Caso a modalidade de contratação por **"causa isolada"** tenha por finalidade a "proposítura de ação judicial", a Cláusula 1.1 poderá ser substituída pela seguinte forma:

"*1.1. O presente instrumento tem por objeto a contratação de serviços advocatícios especializados para a defesa dos interesses da CONTRATANTE, consistentes na proposítura de Ação Ordinária em face de [nome da parte contrária], perante o foro de [Cidade/Estado], visando à [especificar a natureza da ação e os pedidos a serem feitos], representando-a até o exaurimento de todas as instâncias recursais estaduais, regionais e federais*".

A redação desta cláusula deverá ser modificada considerando a natureza da ação (ex.: ação ordinária; ação de execução etc.) e o seu respectivo objeto (ex.: apresentação de contestação em ação indenizatória; proposítura de ação de cobrança de aluguel; ajuizamento de ação de execução de título de crédito etc.).

Ela também deverá ser modificada se abranger apenas serviços de consultoria.

Campo "Cláusula 3 – Do Preço":

Caso a modalidade de contratação seja por **"causa isolada"**, esta cláusula também poderá ser substituída pela seguinte forma:

"*3.1. A CONTRATANTE pagará à CONTRATADA pelos serviços a serem prestados de advocacia por causa isolada, a quantia de R$ [valor em número] [valor por extenso], a qual deverá ser depositada no Banco [nome], Agência [número], conta corrente n° [número], até o dia [dia/mês/ano]*". A cláusula deverá ser redigida de acordo com a forma de pagamento convencionada pelas partes.

Campo "Cláusula 3 – Do Preço":

A contratação também poderá ser realizada com base em horas trabalhadas, modalidade na qual os contratantes deverão fixar previamente o valor das horas de trabalho para o cálculo dos serviços de advocacia a serem prestados. As partes também poderão indicar outras formas de pagamento, como via Pix, por meio da inserção dos respectivos dados.

Campo "Cláusula 6 – Da Vigência":

Caso a modalidade de contratação seja por **"causa isolada"**, a Cláusula 6.1 poderá ser substituída pela seguinte forma:

"*6.1. O presente contrato terá como vigência o prazo para a execução do seu objeto previsto na **Cláusula 1**, podendo ser prorrogado, caso haja concordância expressa e escrita, manifestada por ambas as partes*".

Campo "Cláusula 8 – Do Foro":

A cláusula arbitral também poderá ser substituída pelo modo de **solução judicial**, cuja redação é a seguinte:

"*8.1. Fica eleito o foro de [Cidade/Estado] para o exercício e o cumprimento dos direitos e obrigações previstos neste contrato*".

ANEXO D – PLANILHA DE CONTROLE DE PRAZOS

PLANILHA DE CONTROLE DE PRAZOS DO DEPARTAMENTO JURÍDICO

	Parte contrária	Vara	Processo	Ação	Atividade	Recebido	Prazo	Situação
1	*Nome*	*Vara ou PROCON*	*Número*	*Natureza da ação*	*Tipo de petição/providência*	_/_/_	_/_/_	*pendente*
2	*Nome*	*Vara ou PROCON*	*Número*	*Natureza da ação*	*Tipo de petição/providência*	_/_/_	_/_/_	*pendente*
3	*Nome*	*Vara ou PROCON*	*Número*	*Natureza da ação*	*Tipo de petição/providência*	_/_/_	_/_/_	*pendente*
4	*Nome*	*Vara ou PROCON*	*Número*	*Natureza da ação*	*Tipo de petição/providência*	_/_/_	_/_/_	*pendente*
5	*Nome*	*Vara ou PROCON*	*Número*	*Natureza da ação*	*Tipo de petição/providência*	_/_/_	_/_/_	*pendente*
6	*Nome*	*Vara ou PROCON*	*Número*	*Natureza da ação*	*Tipo de petição/providência*	_/_/_	_/_/_	*pendente*
7	*Nome*	*Vara ou PROCON*	*Número*	*Natureza da ação*	*Tipo de petição/providência*	_/_/_	_/_/_	*pendente*
8	*Nome*	*Vara ou PROCON*	*Número*	*Natureza da ação*	*Tipo de petição/providência*	_/_/_	_/_/_	*pendente*
9	*Nome*	*Vara ou PROCON*	*Número*	*Natureza da ação*	*Tipo de petição/providência*	_/_/_	_/_/_	*pendente*
10	*Nome*	*Vara ou PROCON*	*Número*	*Natureza da ação*	*Tipo de petição/providência*	_/_/_	_/_/_	*pendente*

ANEXO E – LISTA DE PRAZOS CÍVEIS E TRABALHISTAS

ATENÇÃO:
Esta lista de prazos não contempla todas as hipóteses legais, mas apenas as ocorrências mais comuns. Além disso, ela *não exime o colaborador responsável pelo jurídico de sempre observar as informações constantes das notificações administrativas ou mandados judiciais* (ex.: mandado de citação; mandado de intimação; mandado de penhora etc.) e *de verificar a última alteração legislativa processual em vigor*.

PRAZOS CÍVEIS – LEI DOS JUIZADOS ESPECIAIS (PROCEDIMENTO SUMARÍSSIMO)		
Atividade processual	**Prazo**	**Previsão legal**
Contestação	Defesa escrita: até a Audiência de Instrução; ou, defesa oral	LJE, Art. 30
Pedido contraposto	Na contestação	LJE, Art. 31
Contestação ao pedido contraposto	Em audiência ou na data designada	LJE, Art. 31, p. único
Indicação de testemunhas	05 dias antes da Audiência de Instrução	LJE, Art. 34, § 1º
Embargos de Declaração	05 dias	LJE, Art. 49
Recurso Inominado	10 dias	LJE, Art. 42
Recurso Extraordinário	15 dias	CF, Art. 102, inciso III
Mandado de Segurança	120 dias da ciência do ato ilegal	Súmula n.º 376 do STJ c/c Lei do Mandado de Segurança, Art. 23

OBSERVAÇÕES: (ANEXO E – LISTA DE PRAZOS CÍVEIS)
Atividade "Contestação":
Atenção: Nos Juizados Especiais, o **Enunciado n.º 10 do Fórum Nacional dos Juizados Especiais Cíveis e Criminais – Fonaje** prevê que a contestação poderá ser apresentada até a **Audiência de Instrução e Julgamento**, em razão do seu rito sumaríssimo e informal, uma vez que a LJE (Art. 30) admite a apresentação de **contestação na forma oral ou escrita**.
Todavia, há Juizados que exigem a apresentação da contestação no prazo de até 15 dias após a citação ou após a realização da audiência de conciliação. Por isso, observe o que estabelece o **mandado de citação** ou a determinação contida na **Ata da Audiência de Conciliação**.
Atividade "Indicação de testemunhas":
Atenção: as testemunhas das partes deverão ser levadas ao Juizado independentemente de intimação. Todavia, com o intuito de possibilitar que o cartório adote as providências necessárias e a fim de evitar contratempos, as partes deverão especificar as testemunhas por petição com a maior antecedência possível da Audiência de Julgamento.

PRAZOS CÍVEIS – CÓDIGO DE PROCESSO CIVIL (PROCEDIMENTO COMUM)		
Contestação (manifestação ou embargos)		
Atividade processual	Prazo	Previsão legal
Ação Ordinária (em geral)	15 dias	CPC, Art. 335
Tutela Cautelar Antecedente	05 dias	CPC, Art. 306
Incidente de Desconsideração	15 dias	CPC, Art. 135
Ação de Prestação de Contas	15 dias	CPC, Art. 550
Ação Possessória	15 dias	CPC, Art. 564
Ação Demarcatória	15 dias	CPC, Art. 577
Ação Dissolutória Societária	15 dias	CPC, Art. 601
Ação Monitória	15 dias	CPC, Arts. 701 e 702
Ação Consignatória	10 dias	CPC, Art. 539, § 1º
Ação de Exibição	05 dias	CPC, Art. 398
Ação de Exibição por Terceiro	15 dias	CPC, Art. 401
Ação Rescisória	15 a 30 dias	CPC, Art. 970
Ação de Restauração de Autos	05 dias	CPC, Art. 714
Oposição	15 dias	CPC, Art. 683
Embargos à execução	15 dias	CPC, Art. 915
Embargos de terceiro	15 dias	CPC, Art. 679
Reclamação	15 dias	CPC, Art. 989, inciso III
Reconvenção (e pedido contraposto)		
Atividade processual	Prazo	Previsão legal
Ação Ordinária (em geral)	15 dias	CPC, Art. 343, § 1º
Ação Possessória	15 dias	CPC, Arts. 556 e 564
Recursos		
Atividade processual	Prazo	Previsão legal
Apelação (em geral)	15 dias	CPC, Art. 1.003, § 5º
Recurso Adesivo (em geral)	15 dias	CPC, Art. 997, § 1º
Recurso Ordinário	15 dias	CPC, Art. 1.003, § 5º
Embargos de Divergência	15 dias	CPC, Art. 1.003, § 5º

Recurso Especial	15 dias	CPC, Art. 1.003, § 5º
Recurso Extraordinário	15 dias	CPC, Art. 1.003, § 5º
Agravo de Instrumento	15 dias	CPC, Art. 1.003, § 5º
Agravo Interno	15 dias	CPC, Art. 1.003, § 5º
Embargos de Declaração	05 dias	CPC, Art. 1.023
Outras manifestações judiciais		
Atividade processual	**Prazo**	**Previsão legal**
Exceções e impugnações	15 dias	CPC, Arts. 64 e 293
Impedimento ou suspeição	15 dias	CPC, Art. 146
Manifestação de autocomposição	05 dias	CPC, Art. 154, p. único
Manifestação sem prazo próprio	05 dias	CPC, Art. 218, § 3º
Juntada de procuração	15 dias	CPC, Art. 104, § 1º
Emenda à inicial (geral)	15 dias	CPC, Art. 321
Emenda da tutela antecipada	05 ou 15 dias	CPC, Art. 303, §§ 1º e 6º
Réplica	15 dias	CPC, Art. 350
Tréplica	15 dias	CPC, Art. 351
Indicação de testemunhas	Até 15 dias	CPC, Art. 357, § 4º
Apresentação de quesitos e indicação de assistente técnico	15 dias	CPC, Art. 465
Manifestação sobre documentos	15 dias	CPC, Art. 437, § 1º
Cumprimento ou liquidação de sentença	15 dias	CPC, Art. 515, § 1º

OBSERVAÇÕES:
(ANEXO E – LISTA DE PRAZOS CÍVEIS)
Tópico "Contestação"

Atividade "Ação ordinária":

No caso da existência de **duas ou mais partes com advogados de escritórios de advocacia diferentes** o prazo geral é contado **em dobro**, salvo se o processo for eletrônico, hipótese na qual o prazo será comum (CPC, Art. 229).

Na hipótese de figurar a **Fazenda Pública ou o Ministério Público** no polo passivo da ação, o prazo geral é contado **em dobro** (CPC, Arts. 180 e 183). A **Defensoria Pública** também terá o prazo contado em dobro (CPC, Art. 186). O prazo em dobro da Fazenda, da Defensoria e do Ministério Público apenas não se aplica quando a lei estabelecer prazo próprio.

Atividade "Ação rescisória":

O prazo é fixado de acordo com a complexidade da causa pelo magistrado responsável pela direção do processo, de regra, por um Desembargador, por se tratar de ação que tramita, necessariamente, no âmbito do segundo grau de jurisdição (ex.: Tribunal de Justiça Estadual; Tribunal Regional Federal etc.).

Atividade "Embargos à execução":
Atenção: nos **embargos do devedor à execução**, ainda que existam dois ou mais executados, a contagem do prazo tem início com a juntada do respectivo mandado de citação nos autos, isto é, **não se contam os prazos em dobro**, não se aplicando a regra do Art. 229 (CPC, Art. 915, §§ 1º e 3º).
Tópico "Reconvenção"
A **reconvenção** e o **pedido contraposto** consistem nos pedidos de condenação formulados pelo réu em face do autor no momento da apresentação da contestação.
Tópico "Recursos"
Atenção: as contrarrazões recursais observam o mesmo prazo do recurso principal (ex.: recurso de apelação, 15 dias/contrarrazões ao recurso de apelação, 15 dias; agravo de instrumento, 15 dias/contraminuta ao agravo de instrumento, 15 dias; embargos de declaração, 05 dias/contraminuta aos embargos de declaração, 05 dias etc.).
Atenção: o prazo para a interposição do recurso, observado o disposto no Art. 231 do CPC, contar-se-á da data: a) da leitura da sentença em audiência; b) da intimação às partes, quando a decisão ou a sentença não for proferida em audiência; ou, c) da publicação do dispositivo da decisão, da sentença ou do acórdão no Diário da Justiça (CPC, Art. 1.003).
Atividade "Apelação (em geral)":
Atenção: a aplicação da regra do prazo em dobro possui exceções no âmbito recursal, dependendo do tipo de processo, do interesse ou das partes litigantes. Por isso, opte sempre pela contagem do prazo comum ou simples, ou consulte previamente o entendimento jurisprudencial sobre a matéria. **Súmula n.º 641 do STF**: "Não se conta em dobro o prazo para recorrer, quando só um dos litisconsortes haja sucumbido".
Atividade "Recurso adesivo (em geral)":
O recurso adesivo será admissível na apelação, no recurso extraordinário e no recurso especial (CPC, Art. 997, inciso II).
Tópico "Outras manifestações judiciais"
Atividade "Exceções e impugnações":
As **impugnações** e **exceções** do réu deverão ser apresentadas, como regra, na forma de questões preliminares na própria contestação (ex.: impugnação ao valor da causa, incompetência etc.).
Atividade "Juntada de procuração":
CPC: "Art. 104. O advogado não será admitido a postular em juízo sem procuração, salvo para evitar preclusão, decadência ou prescrição, ou para praticar ato considerado urgente".
Atividade "Emenda da tutela antecipada":
Na **tutela antecipada antecedente**, na hipótese de deferimento do pedido antecipatório, o autor deverá providenciar o aditamento da inicial para adaptá-la ao pedido de tutela final no prazo de 15 dias ou outro maior definido pelo Juiz (Art. 303, § 1º, inciso I, do CPC). Na hipótese de o Juiz considerar inexistentes os pressupostos da tutela antecipada, a emenda da inicial deverá ser realizada no prazo de 05 dias (Art. 303, § 6º, do CPC).
Atividade "Indicação de testemunhas":
O momento de apresentação da lista ou rol de testemunhas poderá sofrer modificação de acordo com o ato processual a ser realizado e o tipo de ação judicial proposta. Na hipótese de designação de **Audiência de Saneamento**, as partes deverão apresentar a lista nesta audiência (Art. 357, § 3º, do CPC). Na hipótese de **Ação Possessória**, as partes deverão apresentar a lista na petição inicial ou na contestação (Art. 677 do CPC).

PRAZOS TRABALHISTAS
(CONSOLIDAÇÃO DAS LEIS DO TRABALHO)

Contestação

Atividade processual	Prazo	Previsão legal
Reclamação Trabalhista	Defesa escrita: em audiência ou até a audiência por meio eletrônico; defesa oral: 20 minutos	CLT, Art. 847
Razões Finais	10 minutos após o encerramento da instrução em audiência	CLT, Art. 850

Execução

Atividade processual	Prazo	Previsão legal
Pagamento ou garantia da execução	48 horas	CLT, Art. 880
Embargos à execução	05 dias	CLT, Art. 884
Impugnação aos cálculos	08 dias	CLT, Art. 879, § 2º

Recursos

Atividade processual	Prazo	Previsão legal
Recurso Ordinário	08 dias	CLT, Arts. 893 e 895
Recurso Adesivo	08 dias	CLT, Art. 895 c/c CPC, Art. 997, § 1º
Recurso de Revista	08 dias	CLT, Arts. 893 e 896
Embargos no TST	08 dias	CLT, Arts. 893 e 894
Agravo de Petição	08 dias	CLT, Art. 897, alínea "a"
Agravo de Instrumento	08 dias	CLT, Art. 897, alínea "b"
Recurso Extraordinário	15 dias	CF, Art. 102, inciso III
Embargos de Declaração	05 dias	CLT, Art. 897-A
Agravo Regimental	05 dias	Lei Federal n.º 7.701/1988
Mandado de Segurança	120 dias da ciência do ato ilegal	Art. 114, inciso IV, da CF de 1988 c/c Art. 678, inciso I, letra *b*, número 3, da CLT, Lei do Mandado de Segurança, Art. 23, e Súmula n.º 414 do TST
Pagamento e comprovação das custas e do depósito recursal	No prazo do recurso	Art. 789, § 1º, da CLT e Art. 7º da Lei n.º 5.584/1970

Outras espécies de manifestações

Atividade processual	Prazo	Previsão legal
Exceção de incompetência	05 dias	CLT, Art. 800
Reconvenção	Na contestação	CPC, Art. 343, § 1º
Inquérito de falta grave	30 dias	CLT, Art. 853
Ação Rescisória	2 anos	CPC, Art. 495 e Súmula n.º 100, inciso I, do TST
Mandado de Segurança	120 dias da ciência do ato impugnado	Art. 114, inciso IV, da CF de 1988 c/c Lei do Mandado de Segurança, Art. 23

OBSERVAÇÕES:
(ANEXO E – LISTA DE PRAZOS TRABALHISTAS)

Tópico "Contestação"

Atividade "Reclamação trabalhista":

A contestação poderá ser apresentada na **forma oral, por até 20 minutos**, na 1ª parte da Audiência de Julgamento, após a recusa da proposta de conciliação, ou poderá ser protocolada por **petição eletrônica** até a realização desta.

Na Justiça Trabalhista há o **rito sumaríssimo**, para as causas com o valor de até 40 salários-mínimos, no qual há apenas uma audiência única (CLT, Arts. 852-A e 852-C) e o **rito ordinário**, para as causas com o valor acima de 40 salários-mínimos, no qual a Audiência de Julgamento costuma ser fracionada em duas partes, uma para a conciliação e a outra para a instrução e julgamento.

Tópico "Recursos"

Atenção: as contrarrazões recursais observam o mesmo prazo do recurso principal.

Atividade "Recurso adesivo":

Súmula nº 283 do TST: "RECURSO ADESIVO. PERTINÊNCIA NO PROCESSO DO TRABALHO. CORRELAÇÃO DE MATÉRIAS (mantida) – Res. 121/2003, DJ 19, 20 e 21.11.2003. O recurso adesivo é compatível com o processo do trabalho e cabe, no prazo de 8 (oito) dias, nas hipóteses de interposição de recurso ordinário, de agravo de petição, de revista e de embargos, sendo desnecessário que a matéria nele veiculada esteja relacionada com a do recurso interposto pela parte contrária".

Atividade "Mandado de segurança":

O Tribunal Superior do Trabalho – TST tem admitido a interposição do **mandado de segurança** na forma de recurso para a instância decisória superior em algumas hipóteses em face da inexistência de recurso específico expressamente previsto pela CLT, como no caso do indeferimento do pedido liminar.

Súmula nº 414 do TST: "MANDADO DE SEGURANÇA. TUTELA PROVISÓRIA CONCEDIDA ANTES OU NA SENTENÇA (nova redação em decorrência do CPC de 2015) – Res. 217/2017 – DEJT divulgado em 20, 24 e 25.04.2017 I – A tutela provisória concedida na sentença não comporta impugnação pela via do mandado de segurança, por ser impugnável mediante recurso ordinário. É admissível a obtenção de efeito suspensivo ao recurso ordinário mediante requerimento dirigido ao tribunal, ao relator ou ao presidente ou ao vice-presidente do tribunal recorrido, por aplicação subsidiária ao processo do trabalho do artigo 1.029, § 5º, do CPC de 2015. II – No caso de a tutela provisória haver sido concedida ou indeferida antes da sentença, cabe mandado de segurança, em face da inexistência de recurso próprio. III – A superveniência da sentença, nos autos originários, faz perder o objeto do mandado de segurança que impugnava a concessão ou o indeferimento da tutela provisória".

Tópico "Outras espécies de manifestações"

Atividade "Ação rescisória":

O ajuizamento da **Ação Rescisória** tem sido admitido na forma da **Súmula nº 100 do TST:** "AÇÃO RESCISÓRIA. DECADÊNCIA (incorporadas as Orientações Jurisprudenciais nºs 13, 16, 79, 102, 104, 122 e 145 da SBDI-2) – Res. 137/2005, DJ 22, 23 e 24.08.2005. I – O prazo de decadência, na ação rescisória, conta-se do dia imediatamente subseqüente ao trânsito em julgado da última decisão proferida na causa, seja de mérito ou não. (ex-Súmula nº 100 – alterada pela Res. 109/2001, DJ 20.04.2001)".

ANEXO F – AGENDA DE AUDIÊNCIAS

AGENDA DE AUDIÊNCIAS DO DEPARTAMENTO JURÍDICO

	Parte contrária	Vara	Processo	Ação	Local	Data	Hora
1	Nome	Vara ou PROCON	Número	Natureza da ação	Rua, n.º, Bairro, Cidade e telefone	__/__/__	__:__
2	Nome	Vara ou PROCON	Número	Natureza da ação	Rua, n.º, Bairro, Cidade e telefone	__/__/__	__:__
3	Nome	Vara ou PROCON	Número	Natureza da ação	Rua, n.º, Bairro, Cidade e telefone	__/__/__	__:__
4	Nome	Vara ou PROCON	Número	Natureza da ação	Rua, n.º, Bairro, Cidade e telefone	__/__/__	__:__
5	Nome	Vara ou PROCON	Número	Natureza da ação	Rua, n.º, Bairro, Cidade e telefone	__/__/__	__:__
6	Nome	Vara ou PROCON	Número	Natureza da ação	Rua, n.º, Bairro, Cidade e telefone	__/__/__	__:__
7	Nome	Vara ou PROCON	Número	Natureza da ação	Rua, n.º, Bairro, Cidade e telefone	__/__/__	__:__
8	Nome	Vara ou PROCON	Número	Natureza da ação	Rua, n.º, Bairro, Cidade e telefone	__/__/__	__:__
9	Nome	Vara ou PROCON	Número	Natureza da ação	Rua, n.º, Bairro, Cidade e telefone	__/__/__	__:__
10	Nome	Vara ou PROCON	Número	Natureza da ação	Rua, n.º, Bairro, Cidade e telefone	__/__/__	__:__

ANEXO G – CARTA DE PREPOSIÇÃO

[Timbre da empresa]

CARTA DE PREPOSIÇÃO

NOME DA EMPRESA, pessoa jurídica de direito privado, inscrita no CNPJ sob o n.º [número], com sede na Rua [nome], n.º [número], [bairro], [cidade], [estado], [CEP], neste ato representada por seu sócio Sr. [nome completo], [nacionalidade, estado civil, profissão, número da Carteira de Identidade e número do CPF], devidamente autorizado pelo contrato social anexo, **CONSTITUI** o Sr. NOME DO COLABORADOR, [nacionalidade, estado civil, profissão, número da Carteira de Identidade e número do CPF], para representá-la na qualidade de preposto na audiência de [data com dia/mês/ano], designada nos autos do processo n.º [número], da [vara onde tramita o processo], no qual figura como autor [nome do autor da ação] e como ré [nome da empresa], com poderes para prestar depoimento, transacionar e praticar todos os atos necessários ao bom e fiel cumprimento dos interesses da outorgante.

[Cidade/Estado], [data com dia/mês/ano].

_____
[Nome da empresa]
[Nome do sócio]

OBSERVAÇÕES DE PREENCHIMENTO:
(ANEXO G – CARTA DE PREPOSIÇÃO)

Campo "Tipo de ação":

No caso de ação proposta pela empresa em face de terceiros (ex.: ação de cobrança), a carta de preposição deverá ser alterada no campo: "no qual figura como autora [nome da empresa]" e no campo: "no qual figura como réu [nome do réu da ação]".

Campo "Nome da empresa":

No caso de MEI, no campo **NOME DA EMPRESA** deverá constar a seguinte redação:

"**NOME DO MEI**, microempresário individual, inscrito no CPF sob o n.º e no CNPJ sob o n.º [número], com sede na Rua [nome], n.º [número], [bairro], [cidade], [estado] e [CEP], **CONSTITUI** o Sr. NOME DO COLABORADOR...".

Campo "Assinatura":

Verificar no contrato social qual o sócio ou quais são os sócios responsáveis pela gestão da empresa e autorizados a conceder os poderes de representação para a constituição de preposto.

Caso exista previsão contratual de assinatura em conjunto de dois ou mais sócios, o nome e a assinatura de todos eles deverá constar da carta de preposição (e da procuração para o advogado – veja o modelo de procuração abaixo).

ANEXO H – PROCURAÇÃO PARA O FORO (*AD JUDITIA ET EXTRA*)

[Timbre da empresa]

PROCURAÇÃO

OUTORGANTE: NOME DA EMPRESA, pessoa jurídica de direito privado, inscrita no CNPJ sob o n.º *[número]*, com sede na Rua *[nome]*, n.º *[número]*, *[bairro]*, *[cidade]*, *[estado]*, *[CEP]*, neste ato representada por seu sócio Sr. *[nome completo]*, *[nacionalidade, estado civil, profissão, número da Carteira de Identidade e número do CPF]*.

OUTORGADA: NOME DA SOCIEDADE DE ADVOGADOS, sociedade de advogados, registrada na OAB/ *[Estado ou DF]* sob o n.º *[número]* e inscrita no CNPJ sob o n.º *[número]*, com sede na Rua *[nome]*, n.º *[número]*, *[bairro]*, *[cidade]*, *[estado]*, *[CEP]*, neste ato representada por seu sócio Sr. *[nome completo]*, *[nacionalidade, estado civil, profissão, número da Carteira de Identidade e número do CPF]*.

PODERES: Por este instrumento particular de mandato, a OUTORGANTE confere à OUTORGADA **poderes para o foro em geral** (procuração *ad judicia et extra*), a fim de defender os seus interesses nos autos do **processo n.º** *[número]*, da *[vara onde tramita o processo]*, no qual figuram como requerente *[nome do autor da ação]* e como requerida *[nome da empresa]*, podendo atuar em conjunto ou isoladamente, bem como substabelecer com ou sem reservas, apresentar contestação, reconvenção, interpor recursos e outras medidas judiciais pertinentes.

[Cidade/Estado], *[data com dia/mês/ano]*.

_____

[Nome da empresa]
[Nome do sócio]

OBSERVAÇÕES DE PREENCHIMENTO: (ANEXO H – PROCURAÇÃO)
Campo "Outorgante":
No caso de MEI, no campo **OUTORGANTE** deverá constar a seguinte redação: "**NOME DO MEI**, *microempresário individual, inscrito no CPF sob o n.º e no CNPJ sob o n.º [número], com sede na Rua [nome], n.º [número], [bairro], [cidade], [estado] e [CEP]*".
Campo "Poderes":
No caso de ação proposta pela empresa em face de terceiros (ex.: ação de cobrança), a procuração deverá ser redigida no campo "Poderes" da seguinte forma: "**PODERES:** *Por este instrumento particular de mandato, a OUTORGANTE confere à OUTORGADA* **poderes para o foro em geral** *(procuração ad judicia et extra), a fim de propor Ação de [especificar o tipo de ação] em face de [nome do réu da ação], podendo atuar em conjunto ou isoladamente, bem como substabelecer com ou sem reservas, interpor recursos e outras medidas judiciais pertinentes*".

ANEXO I – LISTA DE *SITES* E TELEFONES DO PODER JUDICIÁRIO

LISTA DE SÍTIOS ELETRÔNICOS DO PODER JUDICIÁRIO		
TRIBUNAIS E CONSELHOS SUPERIORES		
Supremo Tribunal Federal	www.stf.jus.br	Tel.: (61) 3217-3000
Superior Tribunal de Justiça	www.stj.jus.br	Tel.: (61) 3319-8000
Tribunal Superior do Trabalho	www.tst.jus.br	Tel.: (61) 3043-4300
Tribunal Superior Eleitoral	www.tse.jus.br	Tel.: (61) 3030-7000
Superior Tribunal Militar	www.stm.jus.br	Tel.: (61) 3313-9292
Conselho Nacional de Justiça	www.cnj.jus.br	Tel.: (61) 2326-5000
Conselho da Justiça Federal	www.cjf.jus.br	Tel.: (61) 3022-7000
Conselho da Justiça do Trabalho	www.csjt.jus.br	Tel.: (61) 3043-4005
TRIBUNAIS DE JUSTIÇA ESTADUAIS		
Região Sudeste		
Tribunal de Justiça de São Paulo	www.tjsp.jus.br	Tel.: (11) 4802-9394
Tribunal de Justiça do Rio de Janeiro	www.tjrj.jus.br	Tel.: (21) 3133-2000
Tribunal de Justiça de Minas Gerais	www.tjmg.jus.br	Tel.: (31) 3306-3100
Tribunal de Justiça do Espírito Santo	www.tjes.jus.br	Tel.: (27) 3334-2000
Região Sul		
Tribunal de Justiça do Rio Grande do Sul	www.tjrs.jus.br	Tel.: (51) 3210-6000
Tribunal de Justiça de Santa Catarina	www.tjsc.jus.br	Tel.: (48) 3287-1000
Tribunal de Justiça do Paraná	www.tjpr.jus.br	Tel.: (41) 3200-2000
Região Centro-Oeste		
Tribunal de Justiça do Distrito Federal	www.tjdft.jus.br	Tel.: (61) 3103-7000
Tribunal de Justiça de Goiás	www.tjgo.jus.br	Tel.: (62) 3216-2000
Tribunal de Justiça do Mato Grosso	www.tjmt.jus.br	Tel.: (65) 3617-3000
Tribunal de Justiça do M. Grosso do Sul	www.tjms.jus.br	Tel.: (67) 3314-1300
Região Nordeste		
Tribunal de Justiça de Pernambuco	www.tjpe.jus.br	Tel.: (81) 3182-0100
Tribunal de Justiça da Bahia	www.tjba.jus.br	Tel.: (71) 3372-5565
Tribunal de Justiça do Ceará	www.tjce.jus.br	Tel.: (85) 3207-7000
Tribunal de Justiça da Paraíba	www.tjpb.jus.br	Tel.: (83) 3216-1400
Tribunal de Justiça do Sergipe	www.tjse.jus.br	Tel.: (79) 3226-3100
Tribunal de Justiça do Piauí	www.tjpi.jus.br	Tel.: (86) 3317-6600

ANEXOS

Tribunal de Justiça do Rio G. do Norte	www.tjrn.jus.br	Tel.: (84) 3673-8000
Tribunal de Justiça de Alagoas	www.tjal.jus.br	Tel.: (82) 4009-3121
Tribunal de Justiça do Maranhão	www.tjma.jus.br	Tel.: (98) 3198-4300
Região Norte		
Tribunal de Justiça do Amazonas	www.tjam.jus.br	Tel.: (92) 2129-6666
Tribunal de Justiça do Amapá	www.tjap.jus.br	Tel.: (96) 3312-3300
Tribunal de Justiça de Rondônia	www.tjro.jus.br	Tel.: (69) 3309-6237
Tribunal de Justiça do Acre	www.tjac.jus.br	Tel.: (68) 3302-0408
Tribunal de Justiça de Roraima	www.tjrr.jus.br	Tel.: (95) 3198-2800
Tribunal de Justiça do Pará	www.tjpa.jus.br	Tel.: (91) 3205-2000
Tribunal de Justiça do Tocantins	www.tjto.jus.br	Tel.: (63) 3218-4300
TRIBUNAIS REGIONAIS FEDERAIS		
Tribunal Regional Federal da 1ª Região		
TRF da 1ª Região	portal.trf1.jus.br	Tel.: (61) 3314-5225
Seção Judiciária do Acre	portal.trf1.jus.br/sjac	Tel.: (68) 3214-2000
Seção Judiciária do Amazonas	portal.trf1.jus.br/sjam	Tel.: (92) 3612-3300
Seção Judiciária do Amapá	portal.trf1.jus.br/sjap	Tel.: (96) 3198-9350
Seção Judiciária da Bahia	portal.trf1.jus.br/sjba	Tel.: (71) 3617-2600
Seção Judiciária do Distrito Federal	portal.trf1.jus.br/sjdf	Tel.: (61) 3221-6600
Seção Judiciária de Goiás	portal.trf1.jus.br/sjgo	Tel.: (62) 3226-1500
Seção Judiciária do Maranhão	portal.trf1.jus.br/sjma	Tel.: (98) 3214-5701
Seção Judiciária do Mato Grosso	portal.trf1.jus.br/sjmt	Tel.: (65) 3614-5700
Seção Judiciária do Pará	portal.trf1.jus.br/sjpa	Tel.: (91) 3299-6100
Seção Judiciária do Piauí	portal.trf1.jus.br/sjpi	Tel.: (86) 2107-2800
Seção Judiciária de Rondônia	portal.trf1.jus.br/sjro	Tel.: (69) 2181-5700
Seção Judiciária de Roraima	portal.trf1.jus.br/sjrr	Tel.: (95) 2121-4201
Seção Judiciária do Tocantins	portal.trf1.jus.br/sjto	Tel.: (63) 3218-3800
Tribunal Regional Federal da 2ª Região		
TRF da 2ª Região	www.trf2.jus.br	Tel.: (21) 2282-8000
Seção Judiciária do Rio de Janeiro	www.jfrj.jus.br	Tel.: (21) 3512-0232
Seção Judiciária do Espírito Santo	www.jfes.jus.br	Tel.: (27) 3183-5000

Tribunal Regional Federal da 3ª Região			
TRF da 3ª Região	www.trf3.jus.br	Tel: (11) 3012-1000
Seção Judiciária de São Paulo	www.jfsp.jus.br	Tel: (11) 2172-4200
Seção Judiciária do Mato Grosso	www.jfmt.jus.br	Tel.: (67) 3320-1100
Tribunal Regional Federal da 4ª Região			
TRF da 4ª Região	www.trf4.jus.br	Tel.: (51) 3213-3000
Seção Judiciária do Rio Grande do Sul	www.trf4.jus.br	Tel.: (51) 3214-9033
Seção Judiciária do Paraná	www.trf4.jus.br	Tel.: (41) 3210-1410
Seção Judiciária de Santa Catarina	www.trf4.jus.br	Tel.: (48) 3251-2500
Tribunal Regional Federal da 5ª Região			
TRF da 5ª Região	www.trf5.jus.br	Tel.: (81) 3425-9000
Seção Judiciária de Alagoas	www.jfal.jus.br	Tel.: (82) 2122-4181
Seção Judiciária do Ceará	www.jfce.jus.br	Tel.: (85) 3521-2500
Seção Judiciária da Paraíba	www.jfpb.jus.br	Tel.: (83) 2108-4040
Seção Judiciária do Rio G. do Norte	www.jfrn.jus.br	Tel.: (84) 4005-7400
Seção Judiciária de Pernambuco	www.jfpe.jus.br	Tel.: (81) 3213-6000
Seção Judiciária do Sergipe	www.jfse.jus.br	Tel.: (79) 3216-2200
Tribunal Regional Federal da 6ª Região			
TRF da 6ª Região (Minas Gerais)	www.trf6.jus.br	Tel.: (31) 3501-1300
TRIBUNAIS REGIONAIS DO TRABALHO			
Região Sudeste			
TRT da 1ª Região (Rio de Janeiro)	www.trt1.jus.br	Tel.: (21) 2380-6150
TRT da 2ª Região (São Paulo – Grande SP e Baixada Santista)	www.trt2.jus.br	Tel.: (11) 3150-2000
TRT da 15ª Região (São Paulo – Interior, Litoral Norte e Litoral Sul)	www.trt15.jus.br	Tel.: (19) 3236-2100
TRT da 3ª Região (Minas Gerais)	www.trt3.jus.br	Tel.: (31) 3228-7388
TRT da 17ª Região (Espírito Santo)	www.trt17.jus.br	Tel.: (27) 3321-2400
Região Sul			
TRT da 4ª Região (Rio Grande do Sul)	www.trt4.jus.br	Tel.: (51) 3255-2000
TRT da 9ª Região (Paraná)	www.trt9.jus.br	Tel.: (41) 3310-7000
TRT da 12ª Região (Santa Catarina)	www.trt12.jus.br	Tel.: (48) 3216-4000

ANEXOS

Região Centro-Oeste		
TRT da 10ª Região (Distrito Federal e Tocantins)	www.trt10.jus.br	Tel.: (61) 3348-1100
TRT da 18ª Região (Goiás)	www.trt18.jus.br	Tel.: (62) 3222-5000
TRT da 23ª Região (Mato Grosso)	www.trt23.jus.br	Tel.: (65) 3648-4000
TRT da 24ª Região (Mato Grosso do Sul)	www.trt24.jus.br	Tel.: (67) 3316-1771
Região Nordeste		
TRT da 5ª Região (Bahia)	www.trt5.jus.br	Tel.: (71) 3319-7000
TRT da 6ª Região (Pernambuco)	www.trt6.jus.br	Tel.: (81) 3225-3200
TRT da 7ª Região (Ceará)	www.trt7.jus.br	Tel.: (85) 3308-5900
TRT da 13ª Região (Paraíba)	www.trt13.jus.br	Tel.: (83) 3533-6000
TRT da 16ª Região (Maranhão)	www.trt16.jus.br	Tel.: (98) 2109-9300
TRT da 19ª Região (Alagoas)	www.trt19.jus.br	Tel.: (82) 2121-8299
TRT da 20ª Região (Sergipe)	www.trt20.jus.br	Tel.: (79) 2105-8870
TRT da 21ª Região (Rio Grande do Norte)	www.trt21.jus.br	Tel.: (84) 4006-3001
TRT da 22ª Região (Piauí)	www.trt22.jus.br	Tel.: (86) 2106-9500
Região Norte		
TRT da 8ª Região (Amapá e Pará)	www.trt8.jus.br	Tel.: (91) 4008-7000
TRT da 11ª Região (Amazonas e Roraima)	www.trt11.jus.br	Tel.: 0800-704-8893
TRT da 14ª Região (Acre e Rondônia)	www.trt14.jus.br	Tel.: (69) 3218-6300